ANTIGUIDADES MODERNAS

SOBRE O AUTOR

Formado em Geografia. Mestre em Ciências Humanas e Especialista em Inteligências e Cognição. Professor da Universidade Sênior para a Terceira Idade. Membro consultor da Associação Internacional pelos Direitos da Criança Brincar, reconhecido pela UNESCO. Autor de mais de uma centena de livros didáticos e paradidáticos. Suas obras sobre temas educacionais foram também publicadas em países da América do Sul, América do Norte e da Europa. Atualmente é Diretor do Colégio Sant' Anna Global em São Paulo, mantido pelo Instituto Santanense de Ensino Superior. *cantunes@santanna.br*

A636a   Antunes, Celso
               Antiguidades modernas: crônicas do cotidiano escolar / Celso Antunes. – Porto Alegre : Artmed, 2003.

               1. Educação – Crônicas. I. Título.

               CDU 37.02:82-94

Catalogação na publicação: Mônica Ballejo Canto – CRB 10/1023

ISBN 85-363-0195-3

CELSO ANTUNES

ANTIGUIDADES MODERNAS

CRÔNICAS DO COTIDIANO ESCOLAR

2003

© Artmed Editora SA, 2003

Capa
Gustavo Macri

Preparação de original
Elisângela Rosa dos Santos

Leitura final
Osvaldo Arthur Menezes Vieira

Supervisão editorial
Mônica Ballejo Canto

Projeto gráfico
Editoração eletrônica

Reservados todos os direitos de publicação, em língua portuguesa, à
ARTMED® EDITORA S.A.
Av. Jerônimo de Ornelas, 670 - Santana
90040-340 Porto Alegre RS
Fones (51) 3330-3444 Fax (51) 3330-2378

É proibida a duplicação ou reprodução deste volume, no todo ou em parte, sob quaisquer formas ou por quaisquer meios (eletrônico, mecânico, gravação, fotocópia, distribuição na Web e outros), sem permissão expressa da Editora.

SÃO PAULO
Av. Rebouças, 1073 - Jardins
05401-150 São Paulo SP
Fone: (11) 3062-3757 Fax (11) 3062-2487

SAC 0800 703-3444

IMPRESSO NO BRASIL
PRINTED IN BRAZIL

REFLEXÃO E DEDICATÓRIA

À esposa e aos filhos, às noras e aos netos: microcosmo familiar que em meus anseios simboliza o macrocosmo de uma razão a mais para viver.

APRESENTAÇÃO

Por que "Antiguidades Modernas"

Será que existe algo mais antigo, tradicional, proverbial e costumeiro na vida de um professor que reflexões sobre ele mesmo, seu jeito de ser e de trabalhar? Será que o ato essencial que realiza, sua aula, não mereceria também os adjetivos enunciados acima? O que dizer então do quadro-negro, do caderno, da aprendizagem e até mesmo do tema sobre a inclusão?

Em um outro plano, será que existe algo mais moderno em educação que a possibilidade de se vislumbrar, em pessoas vivas, a mente funcionando? Será que o que nos ensina a visão neurônica, conquistada a partir da ressonância magnética nuclear ou mesmo da tomografia por emissão de pósitrons, nada pode ensinar-nos sobre a memória e a consciência? Ou, ainda, será que os novos estudos sobre o cérebro não podem mostrar-nos como ocorre efetivamente a aprendizagem, de que maneira se manifestam nossas inteligências? Não seriam estes, por acaso, temas modernos?

Todas essas indagações que se apresentam justificam os temas deste livro e, em face deles, o seu título. Através de crônicas, escritas em momentos diferentes e algumas delas encaminhadas para publicação eletrônica, busco refletir sobre os antigos e os tradicionais temas sobre educação à luz de uma visão moderna, emoldurada por pesquisas da neurobiologia. Em verdade, esta obra não tem outra pretensão senão a de discutir assuntos antigos mediante uma visão atualizada, temas tradicionais e assim verdadeiras "antiguidades" mediante um enfoque efetivamente atual e, portanto, moderníssimo.

Celso Antunes

SUMÁRIO

Apresentação vii

Introdução 13

A aula 15

    A aula, a aprendizagem e a falácia da razão e da liberdade 16
    A aula, a aprendizagem e a falácia da ação consciente
    e da percepção objetiva 18
    A aula e os pensamentos primários ou a aula e a arte da sedução (I) 20
    A aula e a arte da sedução (II) 22
    A aula e a sedução dos modelos 24
    A aula e a potencialização dos modelos 26
    A aula e a aprendizagem: a importância da significação 29
    A aula e as mensagens do corpo 31
    A aula, as palavras e os gestos 33
    A aula, a leitura e a televisão:
    lutando contra o analfabetismo audiovisual 35
    Ainda sobre o analfabetismo audiovisual 37
    Doutor, eu não consigo perder peso, eu não consigo gostar de ler 39
    O professor de linguagens 42
    A aula e uma nova maneira de pensar o computador como auxiliar 44
    A aula e o problema da motivação do aluno:
    a primeira face da moeda 46
    A aula e o problema da desmotivação do aluno:
    a segunda face da moeda 49
    A aula e o currículo multicultural: o que é isso? 52

A aula e as idéias antinômicas: o que é isso? 54
O bom senso do meio-termo e a complexa realidade 56
O que é mesmo uma aula? 58
Muito mais que fantástico 62

A aprendizagem 65
Os quatro atos da aprendizagem 66
Crenças e barreiras no processo de aprendizagem 70
Desfazer as crenças no processo de aprendizagem 72
Aprendizagem e movimento 74
Os Parâmetros Curriculares Nacionais e as competências
para uma melhor aprendizagem no ensino médio 76
Uma estatística perversa 79
Interrogação ou exclamação?! 81
As idéias, quem diria, também se contaminam 83
Falar sério e falar brincando 85
As cinco estratégias de aprendizagem 87
A metáfora dos três caminhos 89
Nossos pais não aprendiam como devemos aprender atualmente? 91
Uma criança que não aprende 94
Será que crescer é isso? 96
Um exercício de empatia 98
Podemos ensinar a pensar? 100
Não é possível saber como será o amanhã,
mas será como o professor o fizer 105
"Os lagos são formados pelas bacias esferográficas" 107
Projetos: casos Rodolfo e Rodrigo 109
A importância de estudar a mente humana 111
O momento criativo e a aprendizagem 113
Aprendizagem e competências 116
Uma competência para transformar
informação em conhecimento 119
O sim e o não da progressão continuada 121

A educabilidade moral e emocional e a inclusão 125
O que ensina quem ensina educação moral? 126
O que é importante perguntar sobre
Kohlberg e a educação moral? 129
Refletindo sobre a inclusão para uma educação moral 137

Respostas interessantes para perguntas intrigantes 139
Onde apenas heróis transitam 141
A tolice da tolerância 143
Um novo tipo de inclusão 145
Por uma pedagogia interativa 148
Uma experiência criativa de educação moral 150
É possível ensinar cidadania? 152
É possível a educação do caráter? 154
A avaliação do afeto 158
Um projeto para refletir sobre valores morais 160
A frustração como ferramenta da educação moral 162

O professor 165
Imagem e identidade do professor 166
Um estudo de caso: Arnaldo e Ronaldo 168
Você trabalha em uma grande ou pequena escola? 170
Histórias da velha escola 173
Revolta e paixão 175
Uma moeda de dez centavos 177
Dona Marianinha 179
Uma certa Maria 181
Uma escola conservadora e tradicionalista:
uma excelente escola 183
Lembranças do futuro 187
O criador do método Suzuki 189
A defesa do erro: a visão da aula
segundo o pensamento de Neil Postman 191
As novas maneira de ensinar 193

Quadro-negro, caderno e anotações 197
O amanhecer na educação: uma lacuna esquecida 198
"Professor, é para anotar tudo o que o senhor fala?":
uma análise sobre as anotações estruturais 200
As anotações estruturais, os elementos
técnicos e o papel docente 203
O quadro-negro, o caderno e as rodovias:
conversando sobre os mapas conceituais 205

Referências bibliográficas 211

INTRODUÇÃO

Por que a aula pode representar rotina insuportável ou estratégia de fascínio e sedução? Aprendemos em todas as aulas, ou nem todas as aulas objetivam a aprendizagem? Quando o professor fala ao aluno, com quais linguagens expressa-se? O que pode em uma aula motivar e/ou aborrecer? Por que a motivação entusiasta da criança diante da escola transforma-se no insuportável tédio adolescente? Para que e por que avaliamos? O que ensina quem ensina educação moral? É possível ao professor fomentar a auto-estima de seus alunos? O que aprender sobre a educação do caráter? Existem experiências pedagógicas que visem a esses objetivos? Que barreiras precisam ser superadas para se alcançar uma aprendizagem eficiente? O que busca uma pedagogia interativa? O que se exclui quando buscamos a inclusão? É possível ensinar um aluno a pensar? Como fazer do singelo quadro-negro um imprescindível instrumento de aprendizagem? Como o aluno organiza seu caderno? Quem organiza o caderno com eficiência?

Essas perguntas, aleatoriamente apresentadas, parecem acompanhar os passos do professor e, dispostas dessa maneira, solicitam um mínimo de organização. São questões do ontem e do agora e atravessam temas distintos que vão da reflexão sobre o magistério à sala de aula, do manejo cotidiano dos conteúdos à educabilidade emocional. Simples ou complicadas, alternam respostas que todos acreditam saber a outras que muitos nem ousam discutir. De alguma maneira, representam desafios do cotidiano e, quando menos se espera, insurgem-se como dúvidas para as quais a pressa de cada dia busca uma resposta imediata.

Este livro tem a intenção de trazer alguma luz sobre esses temas ou, melhor dizendo, levantar debates sobre essas questões. Ele é composto por crônicas, a maioria delas inéditas e algumas publicadas pela via gráfica ou eletrônica. Não expressam opiniões conclusivas, menos ainda abrigam a ousadia da certeza; antes, propõem idéias, sugerem pensamentos, animam reflexões. Para facilitar a busca, foram organizadas em cinco capítulos distintos, mas uma breve folheada mostra que essa classificação não marca diferenças essenciais entre elas e, assim, poderiam ser alternadas de um capítulo para outro.

Entre os diferentes sentidos atribuídos à palavra *crônica*, está o que afirma ser esta constituída por textos concebidos de forma livre e pessoal, tendo como assunto um fato ou uma idéia atual. Dessa forma, as crônicas aqui reunidas expressam anseios do autor em conversar com os amigos, trocar idéias com os colegas e, com toda certeza, bem mais aprender com elas que por meio delas ensinar.

A AULA

Este bloco de textos reúne uma série de crônicas e ensaios sobre a aula e algumas falácias que envolvem o discurso do professor, abordando também linhas estruturais sobre a comunicação e a maneira como ela pode ser ou não sedutora. Sempre usando esse tema como referência central, discute o papel do professor como modelo de conduta para seus alunos e, invadindo o campo da teoria da comunicação, destaca a importância da palavra e dos gestos para a eficácia do discurso e a conseqüente motivação do aluno.

Os textos estão apoiados em experimentos e reflexões nascidas em salas de aula brasileiras, mas com inspiração em fundamentos lançados por Jerome Bruner, Lev Vygotsky, Jean Piaget e Paulo Freire. Discutem a teoria das idéias antinômicas como um projeto para a regência de aulas e sugerem uma ação concreta do professor na estrutura do currículo que trabalha.

A aula, a aprendizagem e a falácia da razão e da liberdade

É realmente grande a influência que um professor exerce sobre a vida e, portanto, sobre as idéias de seus alunos?

A resposta a essa pergunta não é fácil e nem mesmo pode abrigar um reducionismo ou uma generalização. Alguns professores exercem influência decisiva, outros praticamente nenhuma e, mesmo no caso dos primeiros, poucas vezes somos capazes de perceber esse estigma em todas as suas dimensões. Em muitas circunstâncias, pensamos que o que um velho mestre deixou-nos foi apenas a saudade, quando em verdade nas palavras que dizemos, na forma de pensar e argumentar que temos, o poder de sua influência registra-se de tal forma que não refletiríamos sobre o que estamos refletindo não fossem os registros de suas idéias a modelar nosso inconsciente. De fato, devemos perguntar-nos quantas relíquias de antigos professores não carregamos em nosso cotidiano de maneira incrivelmente inconsciente.

O que, provavelmente, não somos capazes de perceber é o fato de que o que nos influenciou no mestre que ficou não foi tanto a *razão* estruturada em seus discursos, e sim as *emoções* que os emolduraram.

Um mito que cerca toda aula, que caracteriza todo discurso – didático ou não – e que envolve nossos alunos tão intensamente quanto a nós mesmos é que as crenças humanas são resultado do raciocínio quando, muitíssimas vezes, elas são despertadas por desejos e alimentadas por emoções. Blaise Pascal, em suas *Cartas Provinciais* (1656), já lembrava que "a arte de persuadir consiste tanto em agradar como em convencer, porque os homens se governam mais pelo capricho". Tal forma de pensar foi admiravelmente referendada por Freud quando destacava que, no embate entre a razão e a emoção, normalmente é sempre a razão que fica para trás. Obcecados em atribuir a nossos atos motivações elevadas, pensamos em torná-las racionais e quase sempre temos a idéia de que agimos assim; porém atuamos quase que exclusivamente movidos por impulsos emocionais. O imenso desejo do hemisfério cerebral esquerdo – que comanda nossa cultura – em ser racional e a formidável pressão social que valoriza essa convicção escondem nosso verdadeiro eu, movido bem mais pelos sentimentos, embalado por temores, ciúmes, ansiedades e desejos. Temos a impressão de que a aula magnífica que tanto nos marcou foi estruturada pelo discurso, enquanto mal nos damos conta de que, se ficou em nossa mente, é porque foi ministrada com emoção.

Outro mito que emoldura o discurso docente é de que os alunos estão prontos para ouvir e aprender e que chegam à sala embalados pela *liberdade*, isto é, pela possibilidade física de se fazer o que quer e o que se deseja. Nossos alunos acreditam – e nós também acreditamos – que desejando prestar atenção, atenção se prestará; desejando aprender o que ouve, com certeza aprenderá. A liberdade em estar atento ou em aprender, entretanto, somente é verdadeira quando acompanhada da liberdade interna, da liberdade de autêntica opção. Para que os nossos alunos, não importa a idade, sejam verdadeiramente livres, é imprescindível que saibam escolher, que possam adotar crenças e comportamentos autônomos sem coação, baseados em convicções autênticas, jamais em plágios, em imitações, e na reflexão muito mais que no doutrinamento da mídia, na consagração de modismos, na comodidade de não é necessário pensar, posto que outros – pais, jornais, publicidade, televisão, amigos – pensaram por eles. De nada vale ser livre para fazer o que se quer quando se quer o que outros desejam que se queira.

Nenhum professor poderá, efetivamente, deixar lembranças fortes na maneira de pensar e agir de seus alunos se, em suas aulas, não considerar essas duas falácias, se não contribuir para desmontar esses indiscutíveis mitos. Porém, como fazer isso? Em primeiro lugar, jamais organizando temas, estruturando idéias, alinhando conceitos, sem integrá-los a estudos de casos, a questões desafiadoras e reflexivas, sem contextualizá-los à vida, ao corpo, ao entorno e, sobretudo, às emoções de seus alunos. A aula não precisa ser dramática, e o relato dispensa a alegoria da lágrima, mas é necessário sempre ter uma direção específica, alcançar a mente do aluno pelo caminho do coração.

Além disso, não importa se o que se ensina é geografia ou matemática, ciências ou inglês, é prioritariamente essencial que o professor possa ensinar ao aluno a verdade e a mentira que se ocultam nos anúncios, que se escondem nos discursos, que se disfarçam nos estereótipos. É crucial que o aluno, guiado por seus professores, deseje ser livre para fazer o que quer, porque realmente quer. Toda aula que se inicia por esses pressupostos será sempre uma boa aula; contudo, uma boa aula, é claro, necessita ainda de inúmeros outros aspectos, como veremos nas crônicas a seguir.

A aula, a aprendizagem e a falácia da ação consciente e da percepção objetiva

Comentamos, na crônica anterior, sobre a aula do professor, enfatizando que ela precisa sempre ter, ao lado de argumentos racionais e coerentes, a imprescindível pitada de sentimentos, tempero sem o qual a mente não digere e a memória não guarda o alimento da razão. Também abordamos a importância essencial de o professor "despertar" no aluno sua consciência de liberdade e a infinita busca para pensar seus próprios pensamentos, esquecendo a robotização imposta pela TV, a escravidão sugerida pelos preconceitos e estereótipos, o comodismo perverso trazido por *slogans* prontos e idéias maniqueístas. Porém, evidentemente, o mito da racionalidade pura e da liberdade autêntica não são os únicos que rodeiam nossos alunos; atinge-os também, e não menos fortemente, os mitos de uma ação consciente e de uma percepção objetiva. Vivemos na ingênua convicção de que somos capazes de controlar conscientemente nossas crenças e nossas decisões.

A consciência, um dos mais extraordinários atributos da mente humana, infelizmente é usada em situações excepcionais e, no cotidiano de cada um, prevalecem sempre estímulos que a ignoram, ou seja, reações inconscientes. São freqüentes as provas dessa evidência em situações do dia-a-dia: se em uma multidão que conversa centenas de nomes são ditos, é o nosso que percebemos, mesmo se pronunciado sem algum destaque. Alertados pelo inconsciente, percebemos o que conscientemente seria impossível perceber.

Raras vezes, nosso aluno sabe conscientemente o que quer, ainda que reafirme que sabe. Portanto, suas preferências são determinadas por fatores dos quais não tem consciência. Essa evidência, importa destacar, cresce de importância e antecipa os fatos da história, os temas da geografia, os conceitos da matemática. Não basta alertar o aluno sobre sua ação inconsciente, sobre o impulso de agir por modismo; o essencial é fazê-lo descobrir-se nesses procedimentos para que, aos poucos, construa para si mesmo uma reflexão consciente, uma ponderação em que se avalia os "prós" e os "contras", uma percepção de um fato da disciplina que se aprende pelo crivo do "sim" e do "não". A relatividade do bonito e do feio, do certo e do errado, do bem e do mal não pode estar apenas presente no discurso do mestre, mas em sua paciente ação que constrói o sentido de consciência na mente de seus alunos. Essa etapa vencida, aí sim chega a hora da primazia dos fatos, da prevalência dos conteúdos curriculares.

Outra idéia muito forte em todo ser humano – e, por extensão, em todos os nossos alunos – é de que *tudo* o que vê é necessariamente verdadeiro. A expressão "Vi com meus próprios olhos" constitui um enganoso sinônimo de verdade absoluta. *O que ocorre com nossa mente é que vemos muito mais que ela pode processar e, dessa forma, só processa seletivamente "o que deseja processar"*. Segundo estudos avançados, o que percebemos conscientemente é apenas um milionésimo do que vemos, sendo que todo esse monumental "resto" vai para os depósitos da onisciência, guardados nas profundezas do cérebro. Na verdade, o olho atua como simples lente objetiva, pois é a mente que realiza a operação de dar forma ao que se vê, atribuindo-lhe significação. Assim, quando ensinamos a um aluno um novo conhecimento, apenas o "comparamos" com os conhecimentos prévios que esse aluno possui. As percepções humanas são menos objetivas, menos racionais e menos conscientes do que se acredita, e quem bem ensina mostra o novo associando-o ao velho e despindo-o de verdades absolutas e de certezas indiscutíveis. A velha máxima "Não dê o peixe, ensine a pescar" mais uma vez se reafirma e, sem esse cuidado com o que falamos, apenas ao vento estamos dizendo.

Ao pensar em "sua" aula, geralmente é no conteúdo explícito de "sua" disciplina que o professor pensa. Não se discute a importância dessa reflexão, mas é essencial que se discuta sobre os pensamentos primários e a arte de seduzir, como sugere a próxima crônica.

A aula e os pensamentos primários ou a aula e a arte da sedução (I)

"A aula dele (ou dela) é excelente. Mais ainda, é uma aula inesquecível, irresistível! As pessoas ficam 'presas' à sua fala, como que encantadas por seu discurso. Sua aula é pura sedução!"

Diante dessa afirmação, nada mais é preciso dizer: apresentou-se um diagnóstico da aula que dispensa qualquer outro comentário.

Embora o substantivo feminino "sedução" tenha um sentido ambíguo e os dicionários afirmem que sugere "levar ao erro ou ao mal, enganando com artifícios ou amabilidade", no caso específico do professor ou da professora e, sobretudo, das aulas que ministra, ao que tudo indica, a palavra apresenta somente um aspecto positivo e significa algo como "encantar" ou "fascinar". Creio que jamais a referência a "aulas sedutoras" foi interpretada pelo seu pior sentido.

No entanto, por que alguns professores seduzem e outros não? O que existe por trás do mecanismo da sedução?

Muito menos que a propriedade específica e inerente apenas a alguns, o mecanismo da sedução mobiliza, de maneira consciente ou inconsciente, explícita ou implícita, o que é conhecido como *pensamento primário* ou *pensamento elementar*. Isso ocorre porque é inerente ao ser humano, ao ouvir alguma coisa, acionar esse pensamento ou, então, o chamado *pensamento secundário* ou *pensamento lógico*.

O *pensamento primário* é sempre um pensamento "associativo" e, em psicologia, toda associação é tida como que um enlace que se estabelece entre dois conteúdos psíquicos e que se manifesta porque sua aparição na consciência dispara a conscientização de outro a ele associado. É sempre um pensamento primitivo, até mesmo grosseiro, que não abriga nem a negação nem a contradição, não se beneficia da experiência, não é moral ou imoral, não discrimina fantasia de realidade e expressa-se apenas através de imagens. Em suma, é o pensamento que usamos com as psicoses e os sonhos e que, segundo Freud, simboliza o desejo de regressão ao pensamento infantil. Ao contrário, *o pensamento secundário* precisa sempre da lógica, expressa-se mediante a linguagem verbal e passa sempre pela censura de valores que incorporamos e de experiências que acumulamos. Afirmar que o pensamento primário é associativo corresponde a dizer que funciona através de associações livres, por contigüidade ou semelhança, mediante o mecanismo de transferência, ao contrário do pensamento secundário, que chega ao sentido pela força do raciocínio, da argumentação lógica.

Aqui chegando, fica-se com a impressão de que se fugiu do tema. Falava-se de professores e de sedução, de aulas expositivas e de encantamento; repentinamente, fugiu-se pelo caminho da psicologia e disparou-se a falar de tipos de pensamento. Afinal de contas, existe relação entre a sedução e esse tipo de pensamentos?

É evidente que existe e é justamente nesse ponto que se pretende chegar. Para se buscar a razão da sedução presente em algumas aulas, específicas de determinados professores, é necessário falar do pequeno Albert e de uma famosa paciente de Joseph Breuer; é necessário até mesmo buscar, na poesia de Casimiro de Abreu, (*Primaveras,* 1859) o sentido de seus versos: "Simpatia são nuvens de um céu de agosto / É o que me inspira seu rosto / Simpatia é quase amor".

A próxima crônica discute o caso Breuer e mostra a proximidade entre simpatia e amor.

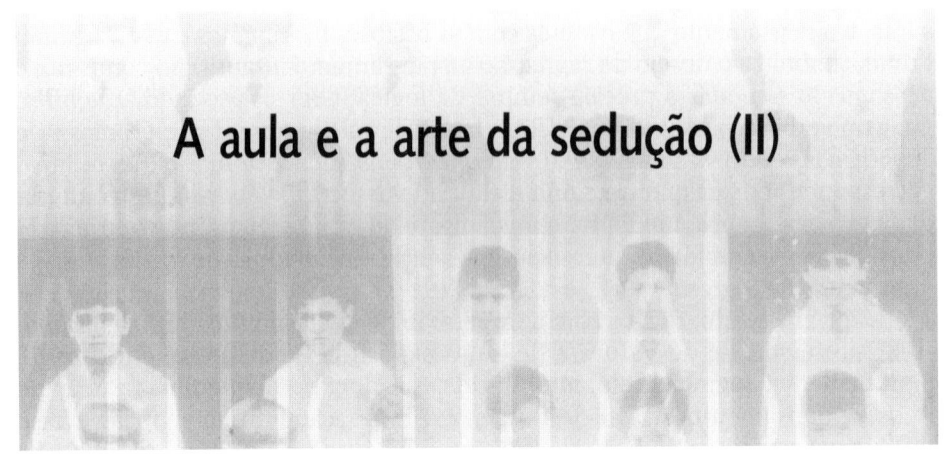

A aula e a arte da sedução (II)

"Simpatia é quase amor". Estará certo o poeta? Por que às vezes transformamos pessoas desconhecidas em "pessoas simpáticas" ou "pessoas antipáticas"? O que explica a simpatia e qual sua relação com a sedução ou com uma aula sedutora?

Quando, em nosso dia-a-dia encontramos uma pessoa pela primeira vez, e ela independentemente de seus atos ou palavras parece-nos "simpática", o que nos conduz a esse julgamento não é – e não pode ser – nosso pensamento secundário ou racional. Ao contrário, essa "impressão de simpatia" é sempre uma associação, produto do *pensamento primário*, muitas vezes inconsciente que a associa a um certo rosto que apreciamos, a uma certa reminiscência calcada lá no fundo de nossa onisciência cerebral.

É evidente que essa "simpatia" é diferente da outra, estruturada pelo pensamento secundário, que nasce da maneira de ser da pessoa, da forma como nos trata, de seu jeito de pensar e de agir quase semelhante ao nosso. Percebe-se, pois, que tanto um quanto outro pensamento pode explicar a simpatia que temos; porém, enquanto uma é irracional e puramente associativa, a outra obedece a critérios e, por isso, é até fácil justificá-la. Experiências múltiplas em psicologia apresentam-nos paradigmas clássicos desses pensamentos. Por exemplo, é muito conhecido o experimento realizado por Watson* e Rayner

---

*John B. Watson (1878-1958) atribuía crédito extraordinário à educação, aplicando teorias de aprendizagem no estudo do desenvolvimento da criança, chegando até mesmo a enfatizar: "Dai-me uma dúzia de bebês saudáveis, bem formados, um mundo segundo minhas especificações para criá-los, e eu garanto formar qualquer um deles aleatoriamente e treiná-los para se tornarem especialistas na área que eu quiser – médico, advogado, artista, comerciante, chefe e, é claro, até mendigo ou ladrão, não importando seus talentos, pendores, habilidades, vocação e a raça de seus ancestrais" (Papalia e Olds, 1998, p.25).

(1920) com Albert, um garotinho de um ano de idade que adorava brincar com ratos brancos, mas acabou desenvolvendo verdadeira fobia a eles após ter sido induzido a temê-los, mediante o procedimento de associar os ratos a ruídos atemorizantes. Bastava Albert aproximar-se, e os ruídos eram disparados. Após várias repetições, Albert já não mais precisava de ruídos para se apavorar diante dos ratos e, por associação, de todos os animais peludos dos quais antes gostava. Anna O., paciente de Joseph Breuer e, mais tarde, de Freud, sentia aversão à água e somente não morria de sede por substituí-la por frutas. Em sessões de terapia, Anna foi levada a tirar de seu inconsciente uma aversão infantil a uma preceptora que deixara seu cachorrinho, que Anna também odiava, bebendo água em um copo. O inconsciente guardou o asco e este, comandado pelo pensamento primário, transformou-se em fobia, termo que foi extraído da psiquiatria e que indica um temor constante ou uma aversão persistente.

Esses dois, entre centenas de casos, assim como o da simpatia por associação, explicam e expõem a força dos pensamentos primários que se abrigam dentro de nós. Mas o que isso, afinal, tem a ver com a aula? Fala-nos do mecanismo de sedução a que o título alude? Vejamos de que modo.

Se na mente de um aluno, seja qual for sua idade, desenvolve-se tanto o pensamento primário quanto o secundário, a sedução de uma aula pode surgir pela exploração de um ou de outro pensamento ou, melhor ainda, pela incorporação dos dois. Se um estímulo neutro – a aula à qual é preciso assistir – associa-se de forma sistemática a outro estímulo que nos encanta, o estímulo neutro converte-se em uma resposta fisiológica extremamente positiva. Se a insípida aula de matemática ou a aborrecida exposição de ciências – estímulos neutros – puderem ser associadas a "casos", histórias ou metáforas que nos lembrem de situações agradáveis, o pensamento primário converte a exposição insípida ou aborrecida em uma aula sedutora.

É por esse motivo que os grandes comunicadores, quer em sala de aula, quer no palco ou no púlpito, quer diante das câmaras, emolduram seus temas aos nossos pensamentos primários e, por essa via, acordam nosso encantamento, abrem as trilhas de nossa sedução. Podemos até aplaudir com o racionalismo de nossos pensamentos secundários os filmes ou os documentários que nos ensinaram muito, mas certamente nos lembraremos com saudade daqueles que, sem igual conteúdo, trouxeram de volta a infância esquecida, a saudade guardada, a paixão recolhida.

Para muitos, a aula sedutora nem sempre se apóia em exposições lógicas e racionais, mas em singelos processos de identificação. No entanto, se a esses processos somarmos a logicidade da exposição, o sentido útil e necessário do conteúdo, estaremos *integrando o pensamento primário ao secundário*, ministrando uma aula verdadeiramente inesquecível, transmitindo lições encantadoramente sedutoras.

A aula e a sedução dos modelos

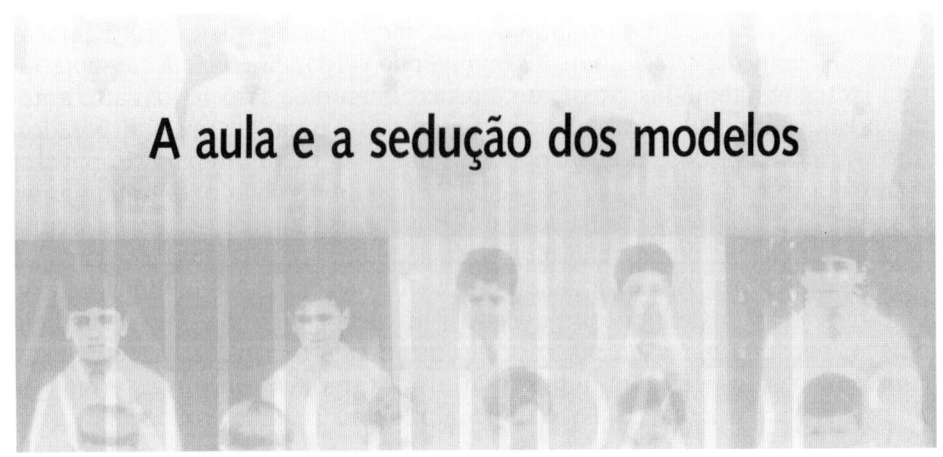

O exemplo que se apresentará a seguir é extremamente perverso e, nem por hipótese, seria viável experimentá-lo. Hoje em dia, já não mais se transformam seres humanos em "ratos de laboratório" – como se fez com o pequeno Albert, caso discutido no texto anterior – e experiências que os envolvem podem ser imaginadas, mas nunca utilizadas. Porém, como a imaginação é livre, imaginemos então. "A escola Z, situada no bairro C, é uma escola comum, mas, por uma extrema coincidência, todos os seus professores – embora excelentes nos conteúdos que ministram – são extremamente reticentes diante dos desafios da vida, das ordens do diretor ou das propostas dos alunos. Será que esse comportamento pessoal dos mestres influenciará significativamente a coragem futura de seus alunos?

A resposta, infelizmente, é positiva, ainda que não se possa afirmar o quanto. Todavia, se os alunos ficarem menos ousados que os modelos observados, certamente perceberão que essa diluição ocorreu porque em casa, na rua, nos programas a que assistem, com outros também conviveram modelos. Imaginando agora a hipótese ainda mais absurda de que todos esses modelos sejam efetivamente retraídos e reticentes, não resta dúvida: a falta de qualquer ousadia será um elemento marcante e distintivo da geração que aí cresceu.

Hoje, sabemos *que nossos medos, nossos valores, nossos desejos, nossa alta ou baixa auto-estima, nossa coragem ou covardia, nossa integridade ou insegurança são parcialmente induzidos por nossa observação de modelos*. Nos primeiros 40 anos do século passado, a criança raramente dispunha de outros modelos além dos provenientes da família ou de seu entorno social imediato; por esse motivo, pais e filhos pareciam-se muito, tanto no plano social quanto no biológico. Atualmente, o modelo biológico persiste, ainda que subordinado às "próteses e maquiagens" que não se conheciam, mas é o social, sobretudo graças aos meios de comunicação de massa, que atua com mais intensidade, com força invulgar.

Os estudos que nos permitem estruturar essas conclusões (por exemplo, Bandura, 1986) revitalizam e ressaltam ainda mais, como se mais ainda fosse possível ressaltar, a ação e o papel do professor como modelo. Não importa se de educação infantil ou de ensino médio, menos ainda se cuida da alfabetização ou da química; a verdade é que nessa fabulosa enxurrada de modelos que a tecnologia digital e os tempos de globalização nos trazem, o "professor modelo" de serenidade, integridade, compostura, lealdade, bondade, senso de justiça, entre outros valores essenciais, é elemento imprescindível a uma verdadeira educação.

Discute-se a durabilidade e o valor intrínseco das fórmulas que ensinará, jamais a essencialidade de suas marcas modelares na conduta dos alunos que conhecerá. Essas técnicas de modelagem podem ou não ser intencionais, e a força de como tal modelagem marcará o aluno independe dessa intencionalidade. Sabe-se que os modelos observados criam expectativas de certos padrões comportamentais no aluno, que, por meio de mecanismos ainda não totalmente conhecidos, interioriza-os e passa a registrá-los na memória como uma pauta que modelará condutas futuras. A mente humana funciona mais ou menos como uma caderneta de lembretes e, cada vez que é desafiada por uma nova circunstância e necessita definir uma estratégia, busca estabelecer conexões ou associações com rascunhos similares vividos ou apreendidos, preferindo os que conheceu pessoalmente aos que assistiu como espectador.

Esses estudos representam uma moeda de duas faces: o lado positivo é a força contribuitiva do verdadeiro educador na modelagem dos corações e das mentes de seus alunos. A outra face da moeda é igualmente forte e assustadora. Esperemos que seja apenas produto da imaginação. Não se disse antes que a imaginação é livre?

A crônica a seguir aprofunda a importância do professor e de sua aula como potencialização da força de modelos.

A aula e a potencialização dos modelos

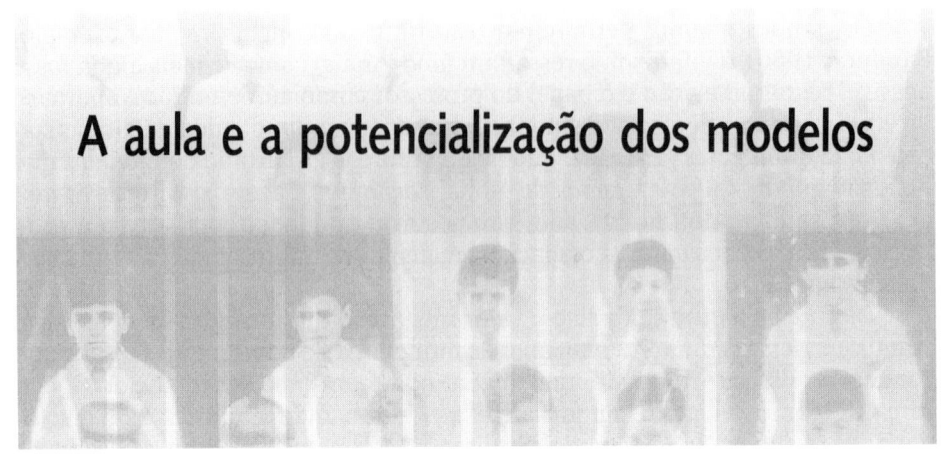

O professor, agindo como modelo para a conduta futura de seus alunos, pode atuar de maneira intencional ou não. O estigma – positivo ou negativo – que deixará independe de sua vontade própria; se assim não fosse, bastaria marcar nossos alunos apenas com a qualidade e o altruísmo de seus mestres, apagando de seu inconsciente suas fraquezas e suas limitações. No entanto, mesmo considerando essa ação não-intencional, parece interessante refletir sobre quais mecanismos a psicologia social utiliza na análise da força influenciadora do modelo adulto na consciência infantil ou juvenil. Esses parâmetros podem ser agrupados em quatro categorias distintas:

Os mecanismos de *identificação*

Diversos estudos, realizados no Brasil e em outros países, indicam que, quando os alunos pensam que são parecidos com seus professores, a influência destes é significativamente maior do que quando acreditam que são diferentes. É evidente que o sentido do "pensam que são parecidos" não se refere a parâmetros físicos ou etários, mas ao fato de que todo professor parece ser "parecido" ao aluno quando aparenta viver problemas iguais, ter sonhos idênticos, conviver com ideais similares. Uma aula que, por exemplo, fale dos vulcões japoneses nada pode apresentar de "semelhante" ao aluno no entorno que o cerca e com as emoções que o emolduram, mas é perfeitamente possível ao professor ministrar uma aula sobre os vulcões japoneses a partir dessas referências, estabelecendo "conexões" com a realidade circunstancial de seu aluno. Não é por coincidência que os grandes comunicadores dos programas de televisão montam suas estratégias de sedução persuasivas simulando uma identificação integral com seus telespectadores.

Os mecanismos de *atração*

Um professor ou uma professora "atraente" possui um insofismável e mais intenso poder comunicador, gerador de mecanismos modelares, que um professor ou uma professora "não-atraente". Ainda que a beleza física seja um forte componente desse mecanismo e não seja possível buscá-la se nos falta, ao aluno importa bem mais a "beleza moral" expressa pela segurança na mensagem, pela ternura na fala, pela coerência na conduta e pela clareza nos sentimentos. A beleza física é imediata; a beleza moral, ao contrário, constrói-se passo a passo no cotidiano de infinitas relações. Se na transmissão televisiva essa "construção da beleza" é bem mais difícil e somente as novelas podem tentar exercê-la e, por isso mesmo, ressaltam-se a sensualidade e o encanto da beleza física, em outros tipos de programas – e sobretudo na sala de aula e na escola – esse processo, ainda que difícil, tem bem mais tempo para se estruturar. A linda professora de nossos sonhos, o inesquecível mestre das recônditas lembranças, por certo assim se fizeram em nosso inconsciente pelo afeto, pela dedicação, pelo entusiasmo e pela coerência.

Os mecanismos de *reforço*

A psicologia social, através da análise de centenas de casos, demonstra que a indução a se imitar modelos aumenta consideravelmente quando existe uma *recompensa* nessa imitação e, proporcionalmente, diminui ou se inibe quando, ao contrário, se recebem sanções ou castigos. Nesse sentido, todo aluno que tem suas condutas imitativas – de caráter positivas – aplaudidas tende a reforçá-las; se as condutas que segue, ao se apresentarem negativas, sofrerem restrições, é provável que as abandone. É evidente que esse aplauso ou essa restrição *não podem e não devem ser explícitos*; o aluno jamais deve ser observado como um imitador e jamais se sentir aplaudido ou reprimido pela adoção de condutas que passou a copiar. Nessa perspectiva, o trabalho do educador deve ser extremamente sutil e, no momento do aplauso ou da crítica, este deve vir pela ação imitada e jamais por sua referência ao modelo que a gerou. Se Ricardo, aluno da 6ª série, assume a "prestatividade" que copia do professor Paulo, é a prestatividade em si que merece ser reforçada, e não a conduta que exalte ter sido a opção pela mesma uma simples cópia ou imitação.

Os mecanismos de *excitação emocional*

Não é difícil demonstrar empiricamente que a influência que os professores exercem como modelo incrementa-se de forma mais expressiva em função do grau de excitação emocional dos alunos. Se a aula, os conselhos, os pontos de vista compartilhados, as opiniões apresentadas são externados com sentimento de emoção, a indução de valores comportamentais é bem mais eficaz. Essa condição, é bem verdade, rouba ao professor o direito a alguma espontaneidade e reveste-o da condição de um "quase ator". Nem sempre é fácil falar com entusiasmo se não se tem esse entusiasmo, mas é essencial assumi-lo, mesmo que artificialmente, quando se considera a meta a ser alcançada: o aluno que se pretende esculpir.

Em síntese, não é fácil o professor insurgir-se como autêntico modelo; porém, se esta é sua missão e se este é seu papel, sempre vale a pena algum esforço. Se não é para o amanhã que trabalha um professor, para que então trabalha?

Sendo assim, se é importante ao mestre transformar-se em "modelo", é igualmente essencial que compreenda como se manifesta o processo de aprendizagem no aluno. De "aprendizagem" fala-se na próxima crônica.

A aula e a aprendizagem: a importância da significação

Para alunos que jamais haviam ouvido falar no Amapá, afirmo em aula que a capital desse Estado é Macapá. Uma semana depois, escolho aleatoriamente um de meus ouvintes e indago-lhe qual a capital de Amapá. Ele me responde prontamente: "Macapá". Nesse caso, posso acreditar que esse aluno realmente aprendeu?

A resposta a essa pergunta é, ao mesmo tempo, "sim" e "não". "Sim", na medida em que registrou mecanicamente um fato em sua memória de longa duração e será capaz de repeti-lo todas as vezes em que for solicitado. Com tal capacidade de resposta, esse aluno tornou-se possuidor de uma informação que não possuía e, dessa forma, pode exibi-la. Ocorre, porém, que essa posse nada fez pelo aluno, não o transformou, e, como educar é transformar, é possível dizer que esse aluno não foi "educado". Possui a informação como talvez um copo possa ou não conter água. A água, nesse caso, não transforma a essência do copo, pois representa apenas uma propriedade circunstancial que até poderá ser útil, mas que jamais o modificará.

A resposta à mesma pergunta será "não" se concordarmos que educar é transformar e se encararmos a posse do saber por meio de uma concepção construtivista de aprendizagem. Segundo essa concepção, o aluno somente aprende quando se torna capaz de elaborar uma representação pessoal sobre um objeto da realidade ou mesmo um conteúdo de seu programa escolar. A elaboração dessa representação pessoal implica o esforço em aproximar o aluno do objeto, usando suas experiências, seus interesses, suas emoções, seus sentimentos e seus conhecimentos prévios, assumindo-o não mais como o copo assume a água, mas como o corpo sedento assume a água existente no copo. Se tenho sede e bebo água, esta se aproxima de mim não como uma tatuagem, mas como um elemento que vai modificar todo o meu corpo e todo o conteúdo de seu estado, agora já não mais sedento. Nesse processo, não só modificamos o que já possuíamos, mas também assumimos essa água de forma peculiar, integrando-a a nós mesmos e tornando-a verdadeiramente nossa.

Na concepção construtivista de aprendizagem, quando um aluno aprende, dizemos que *aprendeu significativamente*, atribuindo um significado próprio e pessoal a um objeto de conhecimento que existe objetivamente. Se reunirmos os saberes que esse aluno tem, por exemplo, sobre o conceito de lugar, Estado, cidade, capital, distante, próximo, Brasil, igual, diferente, etc., e mostrarmos que Macapá é um "lugar diferente" em muitos aspectos do lugar em que vive, é uma "cidade" como outras que talvez conheça, que atua como "capital" de uma divisão administrativa ou "Estado" do "Brasil", não estamos passando ao aluno uma informação – Macapá – que passa a ser para ele objeto de um conhecimento. O que impera nesse segundo exemplo não é o fato de que demos "mais" informações que na primeira vez, e sim que o aproximamos da informação a partir de suas experiências, dos interesses e dos conhecimentos já existentes em sua estrutura mental.

Se trabalhamos essa informação do mesmo modo, com dois alunos, é evidente que a experiência pessoal de cada um implicará diferentes interpretações. Nesse exemplo, eles não pensarão "Macapá" da mesma maneira, uma vez que a bagagem pessoal de cada um será diferente, mas é fato indiscutível que tanto um quanto outro modificaram o que já possuíam, interpretando "Macapá" de forma peculiar e tornando-o, assim, sua propriedade. No primeiro caso, o aluno soube que o copo não estava vazio; no segundo, saciou sua sede e, sem ela, sentiu-se transformar.

Um professor em sala de aula, pouco importa o tema que trabalha ou a idade de seus alunos, pode desenvolver e promover um ou outro tipo de aprendizagem; pode transmitir a informação como quem apenas coloca um selo em um envelope e confere se o mesmo lá está, como também pode, com esse mesmo selo, transformar o envelope em mensagem e, por conseguinte, em alegria ou dor, em saudade ou ilusão. Se é essa a aprendizagem que busca, deve estar atento às mensagens do corpo, sobre as quais se refletirá com maior cuidado na crônica que segue.

A aula e as mensagens do corpo

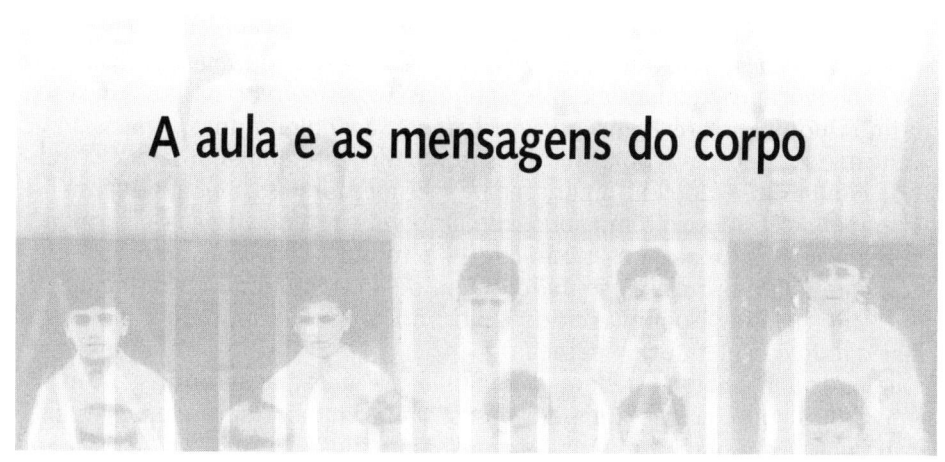

"Pois é, Marília, como eu ia dizendo, acho horrível o comportamento do Pedro. A aula inteira fica cutucando o nariz, revira os olhos, faz caretas, espreguiça-se debochadamente, não sabe onde colocar a mão... Enfim, não pode existir conduta pior. O que eu faço com esse menino?"

É impossível imaginar a resposta que Marília dará, mas o que vale destacar é que, na ampla relação das condutas de Pedro, acima descritas, nada foi dito sobre o que falou ou não falou, sobre como expressou seus saberes. Toda crítica – e, em circunstância oposta, todo elogio – viria de sua *postura corporal*, das mensagens enviadas pelos movimentos de seu corpo. O que se fala de Pedro também seria possível falar de seus professores. Quando ministram suas aulas, que gestos fazem?

Existe acolhida ou repulsa em suas mãos? Ternura ou escárnio em seus lábios? Segurança ou indecisão em seus passos? Além do que falam, como "fala" seu corpo, seus gestos? Sua aula é excelente pelas mensagens que transmite, mas apenas palavras transmitem mensagens?

Até cerca de 60 anos, pouco se sabia sobre a comunicação não-verbal e sobre sua importância na educação, pois somente a partir dos anos 40 do século passado é que alguns antropólogos começaram a perceber que os movimentos do corpo não eram causais. Às suas descobertas, somou-se uma verdadeira avalanche de outros estudos; psicólogos, psiquiatras, educadores, sociólogos e etólogos passaram a se interessar sobre esse tema, trazendo uma série de perguntas, muitas das quais ainda não respondidas, mas algumas respostas já nos ajudam a melhor estruturar as linhas de uma legítima comunicação. O modo como um professor movimenta-se em aula oferece pistas interessantes sobre suas emoções, seu caráter e sua relação com os alunos; contudo, bem mais importante que essas pistas é eleger uma série de procedimentos que possam tornar a mensagem mais expressiva e, sobretudo, que possam construir aprendizagens mais significativas. Se, por acaso, duvida da importância dessa comunicação não-verbal, deve comparar a reação de seus alunos a uma aula "ao vivo" que consideram excelente e essa mesma reação à aula gravada em fita. Certamente, as mensagens verbais serão idênticas, mas o processo de retenção e de incorporação às mesmas será muito diferentes. Caso não se pretenda comparações tão extremas, pode experimentar passar seu entusiasmo e sua empolgação sobre o tema abordado, impondo-se a obrigação de permanecer sentado. Sua mensagem modifica-se – e muito – conforme a postura corporal com que a transmite, sentado ou em pé, permanecendo estático ou caminhando, falando apenas com os lábios, ou dizendo com todo o brilho do olhar e todo o esplendor do coração.

O corpo, hoje bem o sabemos, fala tanto ou mais que as palavras. Portanto, se destas cuidamos em aula e cada dia mais e melhor aprendemos a dizê-las, não há razão para que não possamos falar delas.

Nas próximas crônicas, com a ajuda de especialistas, avançaremos um pouco mais nessa direção. Pena que o recurso de uma crônica não possa levar-nos, além do texto, à eloqüência do gesto!

A aula, as palavras e os gestos

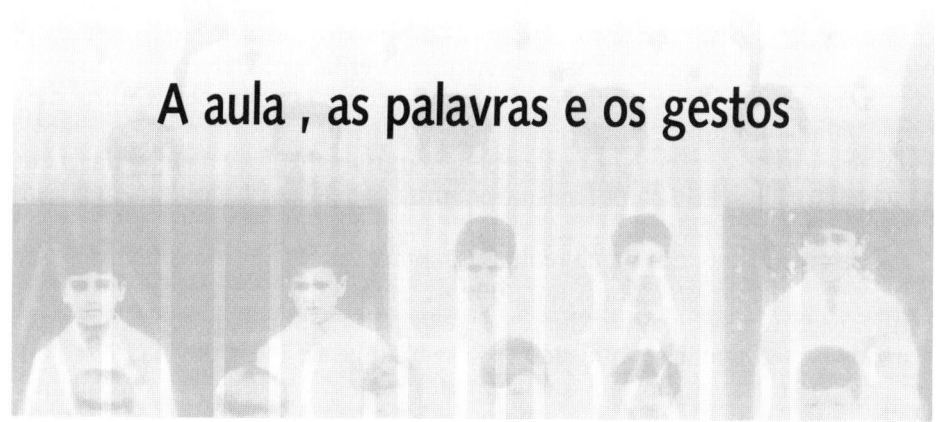

Pense em uma aula que provavelmente irá ministrar dentro de algumas horas e, por favor, reflita sobre o conteúdo da seguinte afirmação: "A comunicação não é como um aparelho emissor e um receptor. É uma negociação entre duas pessoas, um ato criativo. Não se pode medi-la só pelo entendimento preciso daquilo que digo, mas também pela contribuição do próximo, pela mudança em nós dois. E, quando nos comunicamos de verdade, formamos um sistema de interação e reação, integrado com harmonia".

Dê uma pequena pausa nessa leitura, volte a pensar na aula que dará, reflita novamente sobre a afirmação anterior e, para finalizar, leia esta outra: "A mensagem que se transmite pelo aspecto pessoal não se refere apenas à pessoa, mas também àquilo que se está dizendo. Um discurso político inflamado, dito por um tipo de olhar opaco, rosto murcho, corpo mole, seria muito desinteressante. Através da postura, o indivíduo está dizendo que não precisam prestar-lhe atenção, porque não possui nada de interessante para dizer".

Esqueça, por alguns segundos, essas duas citações. Logo mais voltaremos a elas.

Nesse curto espaço de tempo, pense em uma informação cientificamente correta, mas extremamente curiosa:

Você sabia que estudos exaustivos e exames de dezenas de filmes comprovam que, quando uma mulher (não é diferente no caso de um homem) aproxima-se de outro indivíduo do sexo oposto, com forte interesse e predisposição ao afeto e com empolgação pela perspectiva de intensa paixão, seus músculos retesam-se de forma que o corpo inteiro torna-se subitamente atento? Em seu rosto, algumas linhas antes flácidas perdem essa característica, ao mesmo tempo que os olhos assumem um brilho peculiar, a pele fica mais pálida ou rosada e ocorre ligeira dilatação do lábio inferior. Além disso, ocorrem respostas biológicas inconscientes: em uma fração de segundos, a postura corporal corrige-se, a barriga encolhe-se, o odor do corpo altera-se ligeiramente e, em alguns casos, até mesmo a textura do cabelo modifica-se. Atualmente, estudos avançados sobre a comunicação não-verbal enfatizam que, nas relações interpessoais entre professores e alunos, como também entre outras pessoas, "falam" muito mais que as palavras, as mensagens do corpo, os sinais inconscientes dos movimentos, a linguagem infinita do olhar, a dança das mãos e inclusive o cheiro do corpo, mesmo em uma sociedade obcecadamente desodorizada como a ocidental.

Busquemos, agora, o que realmente interessa e o que esses textos e essa informação tem a ver com a aula que se dará. O primeiro texto é de Ray Birdwhistell (1970), pai da Cinética e respeitada autoridade sobre os gestos humanos e seu poder comunicador, e o segundo é de Flora Davis (1979), autora do não menos famoso livro *A comunicação não-verbal*. Esses dois textos e mais a citação que expusemos enfatizam que, em uma explanação oral, em um discurso ou em uma aula expositiva, segundo o próprio Birdwhistell, apenas cerca de 35% do que é captado pelo ouvinte advêm das palavras pronunciadas. O que efetivamente ajuda a aprender está no sentimento de *empatia* que transmitimos como professores, na conquista que desempenhamos com *emoções* e afeto em relação à classe e na *forma gestual* de nos apresentarmos, externando, junto com as palavras, nossa alegria em ensinar e nosso entusiasmo em perceber a transformação dos alunos, nossa imensa reação corporal em realmente comunicar.

Não estamos preconizando aqui que o professor deva ser "teatral", que faça de cada explanação um drama e que saiba tanto sobre o que ensina quanto sobre a importância da comunicação não-verbal. Sugerimos apenas que se levem em conta essas citações e esses estudos e que, ao se "preparar" ou se refletir sobre a aula que irá ministrar, o professor considere os fundamentos desses estudos.

A mais interrogativa das aulas, o mais dialético dos discursos, a mais curiosa descoberta científica, a mais atraente e desafiadora questão matemática, com certeza, fragilizam-se se apresentados por uma voz cansada e monótona, por uma postura prisioneira de uma rotina que jamais se quebra, por um corpo emudecido, que certamente empobrece a força da argumentação. As imagens a que assistimos nos programas de televisão, por exemplo, ao lado de incontestável força simbólica, desenvolvem quase sempre estratégias de ação e seqüência de movimentos.

Nas próximas crônicas, a televisão e o computador serão analisados como ferramentas de ensino e aprendizagem.

A aula, a leitura e a televisão: lutando contra o analfabetismo audiovisual

Imagine uma sala dos professores em horário de intervalo. Nesse mágico cenário, fala-se de tudo e, simultaneamente, atualiza-se o diário de classe, conferem-se apontamentos, discutem-se as relações interpessoais e ainda retoca-se a maquiagem. Uma inexplicável "química" faz com que todos, ao mesmo tempo, falem e ouçam. Suponha-se assim que nesse cenário, nesse instante, um professor levante uma questão relevante: "A televisão ajuda-nos a ensinar, ou prejudica nosso trabalho de educadores?".

É improvável que se estabeleça uma polêmica. Alguns poucos podem enfatizar o caráter descritivo e positivo de alguns bons programas, lembrando, porém, que estes jamais são assistidos por seus alunos. O que provavelmente prevalecerá nos debates são os terríveis malefícios da televisão, da banalização do sexo à exaltação da violência, do reforço de valores como a aparência e a beleza física à terrível e subliminar vinculação da felicidade como possessão e consumismo. Não será difícil imaginar que, quando soar o sinal colocando fim ao intervalo, prevaleça como unanimidade – ou quase – a certeza de que a televisão muito mais tira que oferece e que se ergue como forte barreira do bem educar, sobretudo quando se imagina que educar significa transformar as pessoas, levando-as à progressiva descoberta da verdade, da beleza, da bondade e da justiça.

Nada a opor contra esses argumentos e, realmente, não há como não se dar razão aos mais antigos, os quais lembravam que, antes do advento do que não poucos chamam de "máquina mortífera", o convívio era melhor e a educação no lar era mais sólida. Entretanto, o que se questiona é por que, diante de tal unanimidade, os professores não lutam contra o analfabetismo do aluno diante da TV.

Uma tela de TV para uma criança ou mesmo para um adolescente, guardadas as devidas proporções, funciona tal como uma página de um livro para uma pessoa não-alfabetizada. Assim como na página do livro, as letras nada dizem e as mensagens do texto são incapazes de sugerir e fomentar idéias, a tela de TV, sem o preparo do aluno para desvendá-la, também seduz sem educar, encanta sem construir. Ao eliminarmos o analfabetismo, digamos literário, de alguém, damos significação ao texto e exercitamos novas conexões em sua mente; se também alfabetizarmos nossos alunos para assistirem à televisão, certamente poderão extrair dela valores que não extraem. Desse modo, em vez de se insurgir contra uma boa educação, a televisão pode ajudá-la expressivamente.

Mas como se alfabetiza uma pessoa para assistir à TV? Acreditamos que os passos não sejam muito diferentes dos necessários para se alfabetizar alguém a ler um texto. O leitor enfrenta o desafio de vários sinais abstratos, áridos, afastados de qualquer realidade concreta, até que, aprendendo a decifrá-los, vai aos poucos construindo significações e transformando símbolos em coisas. O espectador audiovisual, ao contrário, enfrenta sinais concretos, próximos da realidade material com a qual os compara, e decodifica-os segundo as referência que possui. Parece que nesse ponto situa-se o momento mágico da alfabetização audiovisual.

Cabe aos pais e aos professores ajudar o espectador na contextualização de "suas" referências às referências do que assiste e, dessa forma, ampliar e transformar essas referências pessoais. Quando, por exemplo, levamos uma criança para assistir a um desenho de Walt Disney, por acaso não a *ensinamos a assistir,* decodificando personagens, explicando cenários, contextualizando espaços e tempos, associando-os às emoções do filme e ao contexto emocional dessa criança? Parece-nos que tarefa igual deveria ser desenvolvida pelos professores na ajuda a esse espectador, jamais censurando o que vê até pela inutilidade prosaica desse gesto, e sim enfatizando a imensa diferença entre a palavra escrita que designa e a imagem televisiva que mostra, entre o sentido do tempo na leitura, que é lento e progressivo, e esse mesmo sentido do tempo na imagem, que é rápido e circunstancial. A leitura exige a renúncia ao imediatismo e a busca da progressão, enquanto a imagem reforça os elementos do imediatismo e da impaciência.

Não se trata, é evidente, de fazer com que os professores associem-se ao conformismo e aliem-se à televisão tão-somente porque não podem vencê-la; ao contrário, trata-se de fazer com que discutam entre si meios, critérios, processos, objetivos, programas, esquemas e projetos para alfabetizar o espectador e valer-se dessa vantagem para educar com maior serenidade, ensinar mais e melhor. A crônica seguinte busca, com outros argumentos, aprofundar esse tema.

Ainda sobre o analfabetismo audiovisual

Uma das mais simples e, ao mesmo tempo, mais fascinantes formas de se estimular a mente de um aluno, fazendo-o aprender de maneira significativa, divergente e conclusiva, é utilizando as *habilidades operatórias*, isto é, as capacidades cognitivas ou apreciativas que possibilitam a compreensão mais ampla e, por conseguinte, a intervenção de formas alternativas de pensamentos na construção de significados.

As habilidades operatórias seriam assim *verbos de ação* que, aprendidos e operacionalizados pelos alunos, permitiriam sua visão integral sobre um conteúdo estudado. Nesse sentido, comparar, analisar, sintetizar, relacionar, classificar, concluir, refletir e transferir, entre outras, constituem-se em habilidades operatórias que ajudam o professor a ensinar. Se explico um tema e meu aluno ouve essa explicação, estará desenvolvendo uma competência bastante restrita; se, além de ouvir, aprender progressivamente a *comparar* esse tema com outros, a decompor esse tema em partes, *analisando-o*, resumindo-o e mantendo a estrutura de sua idéia, estará mobilizando diferentes habilidades operatórias. É evidente que mobilizar as habilidades operatórias envolve bem mais que simplesmente mencioná-las e sugerir seu uso: consiste em explicar e exemplificar sua significação, legitimando seu significado.

Qual é a relação entre as habilidades operatórias e o analfabetismo audiovisual a que nos referimos? A relação é que, em sala de aula, se trabalha fundamentalmente com *fatos* e com *textos,* e esse *conteúdo* explora habilidades operatórias que não são as mesmas que as imagens apresentadas no cinema, nos vídeos e nos diferentes programas de televisão.

Considerando que as habilidades exigidas por um ou por outro meio implicam operações mentais que não são as mesmas e que o aluno verdadeiramente aprende quando descobre a significação das habilidades e as emprega em sua aprendizagem, a questão que fica é saber quais são as habilidades operatórias inerentes ao texto e quais são mais específicas às imagens geradas pelos meios audiovisuais.

O trabalho com a leitura compreensiva, a decodificação, a interpretação e o encaixe do texto que se lê ao universo dos conhecimentos que se possui, bem como a conseqüente aprendizagem significativa, desenvolvem diferentes habilidades relacionadas com a abstração, com a lógica, com a análise e a racionalidade, enquanto a imagem de um vídeo ou programa de televisão, quase sempre e ao contrário, explora habilidades relacionadas à síntese, à concretização e à intuição. A leitura oral, se compreensiva, estimula o raciocínio, a classificação e a articulação com diferentes tipos de pensamentos, enquanto a imagem televisiva aproxima-se muito da emoção, da sugestão e da intuição. Como se percebe, as operações mentais exigidas desta e daquela atividade são diametralmente opostas, e em alguns casos até mesmo antagônicas, pois exploram áreas cerebrais diferentes. Deixar de esclarecer e de exercitar essas diferenças pelo uso sistemático confunde o aluno e, sobretudo, não o alfabetiza audiovisualmente.

Assim como o aluno somente aprende a lógica, a análise e a racionalidade pela compreensão integral do significado desses verbos e pelo exercício deles em diferentes textos e em diferentes fatos, *somente aprenderá a "ver a televisão" e a extrair lições expressivas dessa atividade quando compreender e exercitar em diferentes imagens as habilidades da síntese, da intuição e da concretização*, entre outras.

Este é um trabalho difícil? Podemos "alfabetizar" nossos alunos a assistir aos meios audiovisuais em poucas aulas? As duas perguntas trazem respostas divergentes: com certeza, não é um trabalho difícil, desde que possa nascer de uma discussão intensa entre a equipe docente, na laboriosa e progressiva montagem de um projeto interdisciplinar de ação, respeitando-se as peculiaridades da faixa etária à qual se destina. Essa circunstância responde à segunda questão: seguramente, não é um trabalho que possa ser resumido a algumas poucas aulas, transformado em singelos "conselhos". "Alfabetizar audiovisualmente" os alunos equivale ao mesmo esforço, à mesma luta, mas indiscutivelmente às mesmas gratificações de se "alfabetizar" uma criança para a compreensão de uma mensagem escrita.

A crônica a seguir reflete sobre a compreensão da escrita, tentando mostrar por que, para muitos alunos, o telefone e "o papo" na lanchonete, o programa de TV e o *video game* interessam bem mais que um livro.

Doutor, eu não consigo perder peso, eu não consigo gostar de ler

"Pois é, doutor, adoraria perder uns sete ou oito quilos, mas não consigo. É bem verdade que não abro mão de minha feijoada aos sábados, jamais deixo de lado uma bela macarronada e nada trabalha tão bem pela minha auto-estima que devorar enormes porções de tortas, carregadas na calda de chocolate..."

Essa conversa expressa a clara incongruência entre o que se deseja e o que efetivamente se faz para a transformação de um sonho em realidade. A mesma metáfora, acreditamos, aplica-se ao fato de os jovens não gostarem de ler e, por isso, dedicarem muito mais tempo ao telefone ou à lanchonete, à televisão ou aos *video games* que aos livros. Assim como não basta apenas desejar perder peso, menos ainda basta apenas reclamar que os alunos deveriam dedicar-se mais à leitura. O essencial é fazer com que eles aprendam a gostar de ler.

Mas como isso é possível?

A resposta é bem mais ampla que a singeleza de parcas sugestões, pois envolve desde hábitos familiares até valores efetivamente exercitados no lar e na escola, desde um conceito cultural que se tem de "valor humano" até a contracultura que nos assedia e o consumismo que nos envolve. No entanto, a amplidão da resposta não impede que algumas sugestões práticas possam, ainda que parcialmente, minimizar o problema. Essas sugestões ancoram-se na premissa de que, em uma escola onde se considera importante o hábito da leitura, existe uma ação coordenada de todos os professores em todas as disciplinas e de que a leitura não representa uma inglória missão somente do professor de língua portuguesa. Então, vejamos:

- A escola disponibiliza acesso fácil à biblioteca, estimula sua freqüência, mantém-na atualizada em livros e periódicos? O(A) funcionário(a)

responsável por ela é realmente um leitor apaixonado, sempre à procura de "cúmplices" para compartilhar o que descobre e o que aprende a cada dia?
- Será que professores de todas as disciplinas – ou da maior parte delas – reservam uma ou mais aulas mensais para promover "círculos de leitura", trazendo para a sala de aula textos, reportagens, sínteses ou outras matérias com questões interessantes e pertinentes ao tema que está sendo trabalhado, e solicitam a contextualização das atividades de leitura desse dia aos conteúdos específicos que em outras aulas foram desenvolvidos ou pretende-se desenvolver?
- Será que os professores elaboram perguntas instigantes, curiosas, envolventes e engraçadas, cujas respostas somente podem ser conquistadas em livros ou revistas diferentes que, na oportunidade, sugerem, levando seus alunos a pesquisarem sobre o tema em diferentes leituras? Será que marcam aulas específicas para o exame das respostas apresentadas?
- Será que uma vez em cada bimestre dividem os alunos em duplas para um "exame médico" da capacidade da leitura, em que um lê para o outro um texto específico e este atribui ou não à fluidez dessa leitura um "atestado" de saúde integral? O ideal seria que o professor fizesse ele próprio esse "exame", mais ou menos como quem faz um exame de visão; porém, como essa missão é quase impossível, estabelece as regras e solicita a ajuda da classe. Os alunos que não "passarem" nesse exame deverão exercitar-se para uma outra oportunidade.
- Será que os professores fazem referências freqüentes às obras que lêem, se é que lêem outras obras além do livro didático? Será que todos os adultos deixam transparecer seu sentimento de apreço pela cultura? De admiração autêntica aos que lêem mais e expressam-se com maior clareza?
- A escola promove gincanas ou olimpíadas também culturais, em que exalta, ao lado de esportistas dedicados, leitores apaixonados? Existe um organismo na escola que facilita a publicação de textos preparados pelos alunos? Esses textos são valorizados junto à família e à comunidade?
- Será que uma vez por mês é possível reservar-se uma aula para que os alunos dramatizem um texto de qualquer conteúdo a partir de pesquisas que envolvem necessidades de leitura? Existem projetos para a realização de obras textuais coletivas?
- Será que os professores elaboram testes de compreensão de textos específicos à sua disciplina e os aplicam à classe, vez por outra? Esta é uma brincadeira simples, agradável e envolvente que cada professor pode proporcionar com temas relativos ao assunto trabalhado. Basta organizar questões objetivas sobre a efetiva compreensão de um texto específico, fazer uma leitura desse texto em classe, fazer a

leitura de questões – podem ser do tipo verdadeiro/falso – que cobrem sua compreensão e solicitar aos alunos que anotem as respostas e avaliem o escore obtido.
- Será que as provas apresentam questões que realmente estimulem a interpretação de textos?
- Os alunos efetivamente aprendem a buscar sentido nas notícias que lêem? Os assuntos do cotidiano explorados pela mídia impressa são em algumas oportunidades colocados em discussão, propondo hipóteses e sugerindo críticas?
- Os professores de diferentes disciplinas organizam uma ou duas vezes por semestre "ateliês" de leitura por meio dos quais os alunos são convidados a selecionar textos de seu interesse, apropriando-se das idéias centrais e apresentando-as uns aos outros mediante a supervisão do professor?

Talvez essas sugestões não sejam suficientes para despertar o gosto e a paixão pela leitura, mas ao menos mostram aos alunos que a importância atribuída pelos professores a essa prática não se esgota com a simples observação de que devem ler mais. Além disso, sugerem que ler bastante e bem é utilíssimo para a língua portuguesa, mas não é menos importante para qualquer outra disciplina e nem mesmo para a indispensável arte de pensar que todo educador busca construir. Todo educador deve sempre imaginar-se como um "professor de linguagem", tema que a crônica seguinte busca aprofundar.

O professor de linguagens

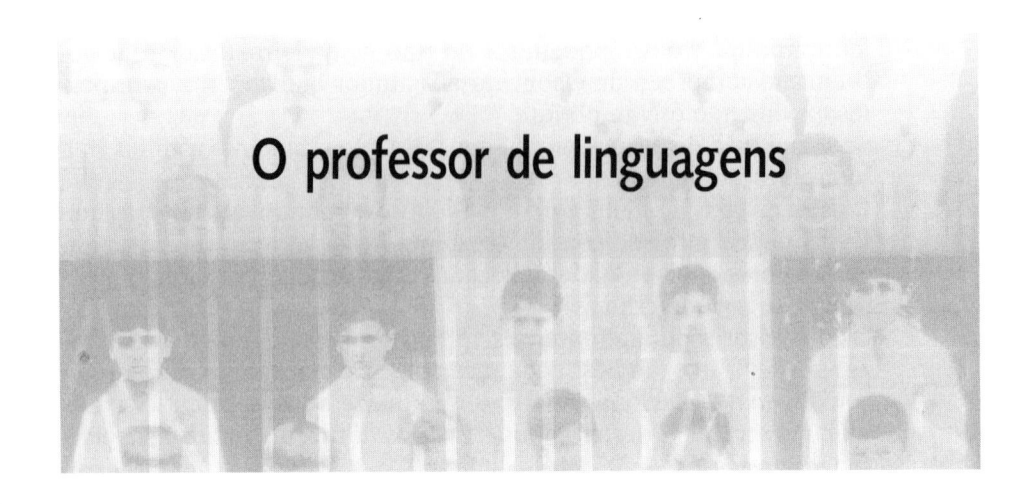

O jovem divulgador de uma editora, necessitando cadastrar os professores daquela escola, entra na sala e, educadamente, interroga os que tomam seu cafezinho:

"Por favor, mestre, qual é sua disciplina?"
"Meu nome é Marcos. Sou professor de linguagem!"
"Obrigado. E a senhora, professora?"
"Pois não, meu nome é Luciana. Sou professora de linguagem!"
"Muito obrigado. E a senhora, por gentileza?"
"Meu nome é Mercedes, meu jovem, também sou professora de linguagem!"

Trata-se de uma brincadeira? De uma tentativa de "infernizar" a vida do jovem divulgador? De uma ironia do corpo docente que parece, assim se manifestando, sinalizar que naquela sala não existem professores de história e de ciências? Que estão em falta, entre outros, professores de língua inglesa, matemática ou geografia?

Difícil saber. Na verdade, seria de esperar que cada professor dissesse a disciplina que ministra. Mas, exageros à parte, o que parece ser exercício de ironia simboliza uma circunstância inquestionável que, se não acontece, deveria acontecer. Todo professor, seja qual for a disciplina que ministra, independentemente da série, do ciclo ou do curso em que ensina, deveria ser sempre um "professor de linguagens".

Por acaso, não é a linguagem a parte mais exposta da mente humana? Não simboliza a mais clara expressão do pensamento? Não define quem mais precisamente conhece um conteúdo? Não representa em sua evolução o mais nítido sinal da aprendizagem significativa? É claro que todas essas questões são afirmativas, assim como o verdadeiro professor de matemática é o que mais objetivamente mostra a seus alunos o "pensar" matemático, a linguagem matemática, enfim, como também para professores de outras disciplinas é impossível um verdadeiro ensinar se não estiver associada essa palavra a conquista por parte do aluno da linguagem desta ou daquela disciplina, desta ou daquela ciência. Pode existir mais expressiva função na arte de ensinar que abrir os olhos de uma criança para o mundo e facilitar sua correta interpretação? Pode esta, por acaso, ser conquistada sem a leitura? Pode, entre tantas profissões, existir outra maior que a de incorporar cada ser humano à comunidade dos verdadeiros "leitores" e "escritores"? Não nos referimos aqui aos escritores profissionais, mas sim aos alunos que saibam utilizar de forma eficaz e pertinente a capacidade de escrever.

Para o professor, ensinar a capacidade de ler e de escrever, por meio da disciplina que ministra, transcende o sentido singelo da alfabetização. Incorporar todos os alunos à comunidade das pessoas que verdadeiramente lêem e escrevem representa fazê-los apropriarem-se de uma herança cultural que envolve o domínio de diversas informações presentes em um texto e aprenderem, através das mesmas, a buscar respostas para uma conveniente interpretação do mundo e do tempo, argumentos para a defesa de uma posição, meios para identificar paisagens, pessoas, sentimentos e idéias diferentes das suas, descobrir outras linguagens e outras formas de utilizar o aprendido e as próprias linguagens.

Um professor de linguagens, auxiliado pelo professor de língua portuguesa, deve fazer sempre da matéria que ensina um imprescindível instrumento para permitir que o aluno possa repensar o mundo e reorganizar em diferentes situações seus próprios pensamentos. Nesse contexto, uma outra linguagem que merece crédito é o computador, cuja importância para a sala de aula buscamos analisar na crônica seguinte.

A aula e uma nova maneira de pensar o computador como auxiliar

A presença do computador na escola raramente suscita nos professores pensamentos de neutralidade: ou é aprovado e rapidamente incorporado como uma "ferramenta pedagógica" imprescindível, ou se mantém uma considerável distância dele, sob a alegação de que educar é função essencialmente humana e que, para essa finalidade, não há nada a se buscar com as máquinas. Ao que tudo indica, essas duas posições extremas, tal como em muitos outros extremismos, são eivadas de preconceitos, os quais a presente crônica tenta ajudar a dissolver.

Em primeiro lugar, parece tolice supor que o computador é apenas uma "ferramenta" e que, de uma certa forma, representa a versão atualizada do que no passado foi o mimeógrafo, o flanelógrafo, o imantógrafo ou o epidiascópio. Em segundo lugar, erra ainda mais quem acredita no preconceito de se afastar desse recurso por julgar que ele nada tem a contribuir com a maneira de se educar o pensamento e, por meio deste, formar a pessoa.

É impossível olharmos para esse recurso apenas como ferramenta auxiliar da exposição e da memorização. Se assim pensamos, estamos enfrentando o mesmo dilema de Ford ao mostrar que o automóvel não poderia ser visto como "carruagem moderna", sendo essencial que se criasse para o mesmo um *conceito novo*, pois não se aperfeiçoava o que existia, e sim se inventava o inimaginável. Da mesma forma que o automóvel, o computador não significa a "evolução de coisa alguma" e, para tanto, precisa ser examinado como algo literalmente novo, que requer novos conceitos e que desperta possibilidade infinita de novos usos. Além disso, o uso do computador interfere na forma humana de pensar; por esse motivo, gostemos ou não, constitui um caminho para, com seu auxílio, acreditarmos que é possível uma nova maneira de formar as pessoas.

Antes de seu advento, quando um aluno pensava em algo que o professor expunha, não pensaria diferentemente se essa exposição viesse auxiliada pela ajuda do mimeógrafo ou de outras ferramentas. Estas poderiam abreviar o esforço do mestre, mas jamais criar novos campos mentais. Não é o que ocorre com o computador, uma vez que ele altera profundamente as coisas *nas quais* pensamos, as coisas *com as quais* pensamos, o espaço *onde* pensamos e até mesmo a estrutura do *porquê* pensamos.

Altera as coisas *nas quais pensamos* ao mudar os limites de nossos interesses. Seu uso "balançou" o mundo e criou valores e produtos antes jamais concebidos: a realidade virtual, o *video game*, a transmissão de *e-mail*, a qualidade artística do que produzimos são alguns exemplos de que nunca mais nossa linguagem será a mesma e, por isso, nossos interesses exigem nova modelagem. Além disso, as formas de comunicação inventadas anteriormente ao computador jamais admitiam um contato próximo a "quem não se conhece", ao elemento virtual hoje plenamente assumido.

O computador como instrumento de ensino muda também as coisas *com as quais pensamos* por trazer verdadeira avalanche de novos signos e por nos levar à nova linguagem de ícones que alteram de maneira substancial o que guardamos na memória e como a usamos para pensar. O computador ainda altera radicalmente os lugares *onde pensamos* ao modificar o sentido de entorno, espaço e comunidade que para quem o usa deixa de ser a aldeia ao alcance de suas mãos e passa a ser a globalidade, o ciberespaço e o mundo virtual. Ao virar do avesso nosso sentido de *qual, com o qual* e *onde,* está sutilmente criando uma estrutura de novos *porquês* do pensamento. Em síntese, antes do computador, nossa forma de pensar era uma; com ele, passa a ser inteiramente outra.

Essa extraordinária propriedade traz para a sala de aula pelo menos dois novos dilemas: reabilita o pensamento de Ford antes mencionado e faz emergir a necessidade imensa de múltiplas iniciativas.

O primeiro dilema é que o computador jamais deve ser utilizado para facilitar processos de aprendizagem obsoletos, pois nesse caso transforma-se em "lente de aumento" e torna o mau professor terrivelmente pior do que já era. O segundo dilema ensina que o uso do computador em sala de aula não pode vir acompanhado de "receitas" para sua aplicabilidade, pois, ao alterar a forma de pensar, exige cuidadosa reflexão sobre esse uso. Ao lado desses dilemas, parece importante que se retorne ao pensamento de Ford, já enfatizado: "ótimos carroceiros nunca se tornariam ótimos motoristas sem antes assumir novos conceitos sobre novos veículos".

Esses dilemas eliminam a facilidade da "receita" ou das "dicas" e demonstram que o uso do computador impõe novas reflexões, debates e discussões entre a equipe docente. Não se trata mais de pensar no modo particular como cada um o utiliza, mas de se buscar coletivamente novas competências a suscitar, novas capacidades a descobrir, novas habilidades a distribuir, novas maneiras de criar. Bem utilizado, o computador poderá ser mais uma extraordinária "ferramenta de motivação", tal como veremos na próxima crônica.

A aula e o problema da motivação do aluno: a primeira face da moeda

Um caso

Quando Patrícia e Carlos Henrique ingressaram na educação infantil, estavam excitados em conviver com os colegas e em aprender. A escola era sua alegria e sua curiosidade, o motor que os impulsionava a viver. Alguns poucos anos mais tarde, a escola simbolizava o tédio e seus desafios, o suplício de crescer. Situação relativamente comum para muitos, o caso de Patrícia e Carlos Henrique desperta a angústia da dúvida: responsabilidade deles ou da escola, de seu crescimento biológico ou de seus professores? Enfim, por que perderam a motivação?

A palavra *motivação* vem do verbo latino *movere,* cujo tempo supino *motum* e o substantivo *motivum* deram origem a ela; portanto, a motivação equivale ao *motivo, à força que coloca a pessoa em ação e que acorda sua disponibilidade de se transformar.* Com ela, o aluno escolhe, procura, dispara sua energia, sua capacidade, sua competência, suas inteligências, instiga-se, planeja metas, concretiza objetivos. Logo, a motivação é essencial à aprendizagem e ao crescimento. Por que, então, ela não se mantêm? Que elementos a fazem desmoronar?

É desnecessário dizer que essa questão representa o centro das discussões pedagógicas e que abriga outros temas a ela correlatas, como a evasão escolar, a questão da disciplina e da indisciplina e, sob certos aspectos, até mesmo a aprendizagem mecânica ou cartorial facilmente esquecida e descartável ou a verdadeira aprendizagem na qual o aluno torna-se protagonista da mesma.

Um conceito

Uma abordagem sobre o tema da motivação, em primeiro lugar, deve afastar esse conceito de uma suposta simplicidade: falta de motivação não é simples apetite que o pão sacia, nem mesmo resfriado comum que chá com limão e cama soluciona. Existe uma perspectiva pessoal, variável de aluno para aluno, em cada caso em que se registra sua ausência, assim como existem níveis diferenciados em sua falta. Alguns autores chegam mesmo a distinguir *motivação quantitativa* – maior ou menor – e a *motivação qualitativa* – dirigida a alguns aspectos ou temas e distante de outros. Em uma abordagem mais geral, procuraremos apresentar alguns pontos possíveis de serem trabalhados em uma escola visando, se não à solução integral do problema, ao menos a medidas que ajudem a reduzi-lo. Eis, então, algumas questões que devem motivar uma discussão entre membros da comunidade escolar, percebendo-se que de nada valem "respostas importadas" de outras situações, prevalecendo antes atitudes comuns, por todos assumidas.

Motivação e escola

O primeiro ponto, associado à motivação quantitativa, relaciona-se mais explicitamente à escola e às razões pelas quais os alunos a freqüentam.

Os alunos vão à escola para saciar sua curiosidade, aplacar seu inato desejo de aprender, sua vontade de saber, ou por que essa missão lhes é imposta pelos pais ou ainda pela turma da qual fazem parte, pelo esporte que praticam, pelo intervalo gostoso que esse ambiente proporciona? Respondida essa questão, busca-se corrigir seus efeitos. Os programas são elaborados a partir de perguntas feitas pelos próprios alunos? Refletem sua curiosidade? Espelham-se nos desafios de seu cotidiano? Os alunos percebem um efetivo valor no que aprendem? Essas respostas estão presentes no futebol que praticam, nos filmes a que assistem, nos noticiários que acompanham? As tarefas escolares estão associadas à efetiva capacidade de sua realização, não cobrando níveis excessivamente elevados de motivação que predispõem à fadiga?

É importante destacar que a motivação ideal no contexto dos desafios escolares deve ser como o sal que tempera a comida. Sem ele, o prato é insosso, mas seu excesso torna-o indigesto.

Motivação e emoção

O segundo ponto, voltado para a motivação qualitativa, relaciona-se ao aluno e às circunstâncias de seu momento emocional e de seu entorno social.

Esse aluno autovaloriza-se? Gosta de si mesmo e da vida que tem? Encontra na escola professores efetivamente interessados em ajudá-lo? Existe nela algo como uma UTI para alunos desmotivados? Alguém na equipe docente encarrega-se de mostrar como se faz amigos? Interessa-se em saber como se situa o nível de suas relações interpessoais? Como se participa de uma discussão? A avaliação do aluno conta com sua efetiva participação e estabelece-se através de padrões auto-referenciados? Torna-se essencial saber que nenhum ser humano mal resolvido emocionalmente pode estar motivado e que cabe à escola, se for impossível resolver os problemas emocionais de cada um, ao menos mostrar-se compreensiva e solidária aos mesmos. Se não é possível discutir essas angústias em casa, onde mais o será?

Em síntese, a abordagem da questão da motivação em sala de aula precisa integrar em um mesmo plano os *componentes cognitivos*, isto é, a maneira como se ensina e a forma como o aluno aprende, e os *componentes afetivos*, ou seja, a maneira como a escola simboliza para o aluno o centro onde trabalhará suas diferentes emoções, sua realização como pessoa, sua satisfação, seu orgulho, sua ansiedade, seus medos e outros elementos dessa estrutura incrível que algumas vezes generalizamos como máquina, mas que se resume nessa extrema singularidade e excentricidade do ser: ser um ser humano.

A aula e o problema da desmotivação do aluno: a segunda face da moeda

A falta de motivação, embora não seja, parece ser um fenômeno evolutivo, algo como os pêlos do corpo, com idade certa para aparecer.

Na infância, em geral a criança é extremamente motivada, entusiasmada, dinâmica, fantasiosa, curiosa, encantadora. Tudo a motiva, qualquer festa a empolga, qualquer desafio a fascina; ao se aproximar dos 10 anos, essa fase parece murchar: a escola, antes tão atraente, e a professora, outrora magnífica, transformam-se em chatice apenas suportável pela pressão.

Por que isso ocorre? É possível reverter esse estado e obter-se na criança de 10 anos ou mais o estado de encantamento infantil?

As respostas não vão à plenitude do oceano, mas também não se encalacram nas rochas continentais. À medida que a criança cresce, diversificam-se os eventos e a experiência seletiva é mais crítica. A "chatice" não chega como barba ao rosto, e sim pelo acúmulo de experiências que, saciadas, já não causam tão voraz apetite. Para a criança, tudo é novidade e para o adolescente, sobretudo hoje em dia, nada mais é; assim, é mais ou menos natural que a motivação regrida. Contudo, o que parece ser bem mais importante procurar responder é exatamente a segunda questão. O problema escolar coloca-se exatamente na tentativa de se obter por volta dos 10 anos o encanto inerente aos 3. Isso é possível?

Não existe receita infalível, mas algumas tentativas parecem ser extremamente válidas, desde que se considerem três pontos cruciais na relação entre alunos e professores: *a natureza das tarefas apresentadas, a maneira como o professor apresenta-as e a forma como avalia seus resultados*. Assim sendo, cabe destacar:

A natureza das tarefas apresentadas aos alunos

Entenda-se aqui por tarefa não apenas a lição de casa, mas também os desafios propostos na aula, os problemas criados na apresentação dos temas curriculares.

Uma tarefa escolar é capaz de motivar quando permite que o aluno perceba *razões significativas* no desafio proposto, isto é, quando sua atenção é requisitada para a integral compreensão de um conteúdo. Na mente do aluno, o desafio da tarefa surge mais ou menos como a indagação: "Se aprendo porque uso essa aprendizagem, gosto de aprender; se tenho que aprender para responder perguntas de uma prova, aprendo se me dá na telha". Entra nessa linha de pensamento a arte de sedução e a magia do professor em buscar nos desafios que propõe essa *utilidade* que o aluno requer.

No entanto, só isso não basta; é importante também que essa tarefa *tenha* relação com a vida e com a emoção do aluno. Desse modo, perceberá que, ao aprendê-la, aprenderá para viver e não para escrever em provas. Como fazer isso com o Máximo Divisor Comum ou com a Contra-Reforma? Mostrando que no supermercado que se freqüenta e nas notícias que se lêem existem raízes do que se aprendeu em aula. Fácil não é, mas quem ousa afirmar que motivar é fácil?

Se, além da *utilidade* e da *necessidade* do desafio contido na tarefa, esta for *dosada em metas específicas de curto prazo, favorecendo a percepção do aluno*, fecha-se o quadro motivador inerente às tarefas escolares. Ainda quanto a este item, é importante saber que o cérebro do aluno, tal como o estômago do professor, precisa digerir colher por colher e que saberes jogados em quantidade possuem significado metafórico semelhante a leitão devorado a um só bocado.

A figura do professor motivador na regência da aula

O professor motivador dever ser o meio-termo entre o sargento e o padre: nem tão rigoroso e austero quanto o primeiro, nem tão tolerante e complacente quanto o segundo. O professor motivador deve ter sempre múltiplos casos, diversas fantasias, molduras e desafios diferentes a propor e, quando os apresenta, deixar para o aluno *uma opção de escolha* que crie um clima de respeito e de confiança, permitindo alternativas de respostas direcionadas à aprendizagem que se busca.

Se a falta de autonomia e de participação do aluno nos problemas propostos é força desmotivadora, o mesmo ocorre com a liberdade irrestrita, com a condução da aula por regras que somente o aluno aceita.

O sistema de avaliação motivadora

O conselho que se dá às mães, devidamente adaptado, serve também aos professores: "Aceite seu filho como ele é e não como gostaria que ele fosse".

Transposto para a sala de aula, especificamente para o caso da avaliação da aprendizagem, essa orientação vai no sentido de se cobrar do aluno tudo quanto ele efetivamente pode produzir, e não dentro dos parâmetros que o professor gostaria que ele produzisse.

Quando se usa o paradigma da avaliação quantitativa e a nota expressa um resultado definitivo, é difícil estabelecer essa relação. Todavia, quando o aluno é visto pelo progresso que alcança, pelos passos que percorre dentro dos limites efetivos de sua potencialidade, cria-se uma percepção centrada nele e uma avaliação que respeita as diferenças pessoais. O paradigma pelo qual se pensa o aluno é a perspectiva de seu *progresso*, jamais de um *resultado*.

Na interface entre tarefas e desafios bem pensados, autoridade bem dosada e avaliação qualitativa, percebe-se que, se a desmotivação não está definitivamente eliminada, com certeza será bem mais aguda na sala de aula ao lado da nossa. Entretanto, o tema "motivação" caminha além de um sentido restrito. Torna-se difícil motivar o aluno quando o que se deseja ensinar não coincide com suas aspirações de aprender. Se buscamos envolvidos um saber específico, estamos motivados para acolhê-lo. Toda aula, seja qual for a disciplina, motiva realmente quando responde à curiosidade latente no aluno. Por essa via, chega-se à "matéria" a ser ensinada como elemento integrante de um "currículo" a ser desenvolvido – aspectos sobre os quais procuraremos refletir na próxima crônica.

A aula e o currículo multicultural: o que é isso?

A educação tradicional, ministrada a partir de uma perspectiva do homem branco, ocidental, cristão e inspirada no desejo das maiorias, começa a ser fortemente questionada graças às mudanças culturais ocorridas nas últimas décadas. Tais mudanças culminaram com a formação da União Européia e a conseqüente globalização da economia, caracterizada pela ausência de barreiras à livre circulação de pessoas e pela adoção de uma moeda única. Essa nova percepção de valores coincide com uma brusca retração da natalidade e a conseqüente imigração de populações oriundas de outros países, sobretudo da África, da América e da Ásia, que tornam imperativo o desenvolvimento de uma *educação multicultural*, capaz de conciliar a adaptação a uma nova realidade e a preservação dos padrões culturais que sempre conferiram identidade à Europa.

O que significa, porém, uma "educação multicultural"? A educação multicultural está fundamentada em uma nova história e, portanto, em um novo conceito de humanidade, segundo o qual os valores democráticos não podem ser restritos a alguns, e sim extensivos a toda espécie humana, independentemente de suas característica étnicas. Não se trata de proclamar apenas uma igualdade de leis e de bens, mas sobretudo de valores, mudando a concepção de um mundo que sempre via no ocidente o paradigma do que deveria ser correto ou incorreto.

Assim, torna-se necessária e urgente uma remodelação integral dos currículos para que se busque a verdade, a beleza e a justiça na lealdade à espécie, una e universalista, naquilo que ela tenha de *ideal* a toda natureza humana. O currículo sobre o qual agora se reflete prescreve códigos culturais e sistemas de valores inspirados naquilo que de melhor foi criado e produzido para a dignidade humana pelas gerações que nos precederam, com ampla abertura para essa busca, sem qualquer partidarismo, em outras culturas que hoje convivem. Essa busca de valores multiculturais não poderá fortalecer-se por um simples agregar de novos fatos, como uma adição ao que já se possui, mas por sua seleção entre os fatos realmente essenciais a toda a humanidade. Dessa maneira, não representa uma busca multicultural, por exemplo, a exaltação da discriminação, do fanatismo, da crueldade e da escravidão apenas porque tais procedimentos integram esta ou aquela cultura. A dignidade da pessoa representa, assim, o critério objetivo que deverá orientar as escolhas e as críticas inerentes a essa reconstrução curricular. Sem tal reformulação, a Europa continuará sendo o lugar do "europeu", onde o "estrangeiro" é aceito e tolerado, mas jamais deixará de ser "estrangeiro", não havendo um verdadeiro diálogo de culturas que as mudanças sociais e econômicas impõem.

Essa necessidade de mudança é consenso entre uma expressiva maioria de educadores europeus, mas isso é, em verdade, muito pouco. Reabilitando-se a fábula dos ratos, do sino e do gato, se não existe dúvida sobre *o que* é necessário fazer, pergunta-se sobre *como* será possível fazer. De uma maneira ou de outra, todos os educadores, pais, comunicadores, formadores de opiniões e professores foram formados por uma concepção de mundo hegemônica, seletiva e separatista e, por isso, terão grandes dificuldades para desenvolver uma formação que possa, ao mesmo tempo, defender os padrões culturais predominantes e compreender o padrão cultural das minorias, que possa evitar de forma ativa qualquer preconceito ou desprezo a outros, quando sofreram na própria pele discriminações nacionalistas dessa natureza e, renegando uma visão de futuro anteriormente cultuada nos valores da fé e do estado vigente, implementar uma outra que defenda uma cidadania intercultural, universalista e cósmica.

Essas reflexões, vistas de uma perspectiva reducionista, podem parecer distantes da aula e da escola brasileira. Afinal, refletem uma realidade geográfica distante, uma sociedade que somente sobreviverá através da importação de seres humanos de outras terras e de uma economia ainda em etapa de adaptação à moeda única. Assim, nada teriam a ver com o Brasil e com a escola brasileira. Será?

Nosso país, por acaso, não apresenta uma sociedade multicultural? Existe uniformidade entre os valores da classe média e da classe indigente? Nossa história foi esculpida com respeito à opressão e às conquistas feministas? Ela buscou, nas múltiplas culturas indígenas e africanas, valores para incorporar à nossa forma de ser? É possível um estereótipo que a uma só definição conceitue o *ser brasileiro*?

Como você, professor, imagina nosso currículo? Monocultural, hegemônico, seletivo, supremacista, sem espaço para diálogos interculturais? Ou acredita que, refletindo a imensa e admirável diversidade brasileira, é efetivamente um currículo que apresenta um eixo matricial inspirado na diversidade cultural, na tolerância, no pluralismo e na certeza de que não devemos fazer ao outro tudo quanto a nós incomoda?

Entre inúmeras alternativas para se pensar uma mudança estrutural na maneira de se trabalhar novas idéias em engessados currículos, estão as idéias antinômicas, assunto a ser abordado na crônica seguinte.

A aula e as idéias antinômicas: o que é isso?

Responda rapidamente: A bandeira do Brasil é bonita ou feia? A cidade onde melhor se vive é São Paulo ou Rio de Janeiro? São melhores educadores os homens ou as mulheres?

É impossível identificar um padrão único para essas perguntas ou para quaisquer outras que se deseje opor. Para alguns, a bandeira brasileira é linda, para outros, não; alguns certamente exaltarão o dinamismo febril de São Paulo, outros proclamarão a beleza e a suavidade do Rio de Janeiro. Embora seja difícil identificar um padrão único para essas respostas, é mais comum perceber-se a inclinação por uma ou por outra alternativa. Entretanto, não é o que ocorre com a terceira questão.

Quase a unanimidade do bom senso destacará que existem educadores formidáveis entre homens e entre mulheres e que, nesse caso, não é possível sequer a procura da unanimidade. Percebe-se, com esses exemplos, que grande parte da nossa cultura é constituída por antagonismos, havendo em inúmeros casos opções entre "A" ou "B", mas existindo também unanimidade entre o "A" e o "B". Desse modo, cabe então mais uma pergunta: O melhor em educação é orientar o aluno em suas escolhas para o "A" *ou* para o "B", ou será melhor orientá-lo para o "A" *e* para o "B"?

Essa resposta também parece merecer unanimidade. Em certas situações, a melhor alternativa é orientar sua escolha para uma ou para outra posição, mas certamente existirão circunstâncias em que a posição mais coerente é procurar extrair qualidade de situações antagônicas, ficando com o positivo de uma ou de outra. Mais explicitamente, quando se trata de *educar em valores,* é essencial que se exalte o fato de que sempre deve prevalecer a liberdade sobre a escravidão, a tolerância sobre o segregacionismo, a justiça sobre o egoísmo e uma série imensa de postulados morais que a herança cultural consagrou.

Porém, quando tratamos de assuntos *antinômicos*, deverão prevalecer concepções intermediárias que possam extrair qualidades de duas posições conflitantes.

Essa concepção nada tem de nova. Na Grécia Antiga, Aristóteles já enfatizava que a virtude coloca-se sempre no meio-termo e, assim, constitui posição eqüidistante entre dois extremos, opostos e viciosos. As antinomias são problemas estruturais e funcionais de um ser que se desenvolvem a partir de contradições internas, constituindo-se em princípios que se opõem. Hegel (1994) soube situar muito bem essa problemática, e seu método de ensino baseia-se na idéia de que a realidade é, ela própria, antinômica, porque tudo o que existe possui contradições internas que geram tensões que, por sua vez, são resolvidas por um pensamento superior. Para esse notável educador, toda aula deveria refletir essas contradições, apresentadas como desafios, e a intermediação do professor entre o saber e o aluno se daria exatamente pela ajuda na busca desse pensamento superior. Em linha mais ou menos similar, embora bem mais atualizada a um contexto de ensino a distância, posiciona-se o *método antimônio* de Quintana Cabanas (1995), professor catedrático de Pedagogia na Universidade Nacional de Ensino a Distância, em Madri.

O *método antinômico* distingue-se do discurso dialético de Hegel (tese-antítese-síntese) porque prescreve não uma superação de aposições polares ou extremas, mas sim uma *verdadeira integração criadora que possa abranger a qualidade das duas posições.* Para Cabanas, a aula deveria começar sempre pela *descrição e pela análise das duas posições opostas,* caminhando progressivamente para a elaboração de pensamentos que possam fazer interagir elementos positivos de ambas, no pressuposto de que todas as doutrinas pedagógicas, se verdadeiramente autênticas, contêm partes de uma verdade que se alcança com um pensamento superior.

As questões inicialmente propostas e muitas outras que todo professor, com os olhos voltados para os conteúdos de suas disciplinas, deveria lançar, surgiriam não para colher opiniões, mas para submetê-las a uma cuidadosa análise. Existem elementos bonitos e feios em uma bandeira qualquer, e percebê-los significa compreender estética, desenho e composição de cores, assim como existem elementos positivos e negativos no dinamismo e na suavidade de qualquer lugar. Ajudar o aluno a descobri-los progressivamente significa ensinar-lhes a perceber que os conteúdos de todas as disciplinas podem insinuar-se em todas as perguntas que, ao longo da vida, ousamos fazer. A próxima crônica continua a explorar esse tema.

O bom senso do meio-termo e a complexa realidade

Maria Helena: "Todo indivíduo possui o destino definido por sua carga genética. Portanto, 'pau que nasce torto morre torto'!"

Guilherme: "O meio ambiente e a educação determinam tudo aquilo que o indivíduo será. 'Ofereça-me uma criança por oito anos e eu farei dela uma bolchevista pela vida inteira', já dizia Lênin!"

Maria Helena: "A função primordial da educação é transmitir a herança cultural, é apresentar às gerações que chegam tudo aquilo que, antes delas, outras gerações edificaram!"

Guilherme: "A função primordial da educação é ensinar o aluno a pensar e a aprender a aprender. Se essa meta for alcançada, ele poderá buscar toda herança cultural necessária!"

Maria Helena: "Certo estava Pascal quando lembrava que a verdadeira educação acentua o papel receptor do aluno, valorizando a atenção, as boas maneiras, a docilidade e a obediência!"

Guilherme: "Certos mesmo estavam Dewey e Piaget, que destacavam que toda educação é fundamentalmente uma atividade de descoberta. O verdadeiro professor nada ensina: ajuda, isto sim, seu aluno a aprender!"

Maria Helena: "Educar é desenvolver as inteligências e promover estímulos à capacidade de raciocinar!"

Guilherme: "Educar é libertar, soltar as amarras, deixar crescer livremente e ajudar o aluno na construção de sua própria felicidade!"

Maria Helena: "O 'dever' precisa vir sempre antes do 'direito' e toda boa educação deve preparar o aluno para o cumprimento do 'dever' e para a conquista do 'direito'!"

Guilherme: "A educação deve formar as novas gerações no conhecimento e no respeito por seus 'direitos', sobretudo o direito às diferenças, à saúde e à independência das idéias!"

Afinal, quem está certo: Maria Helena ou Guilherme? O método antinômico desenvolvido por Quintana Cabanas não fica nem com um nem com o outro, pois proclama o seguinte: *sempre que existem confrontações de idéias contraditórias, é essencial que não se eleja uma ou outra, e sim que se busque construir um pensamento que integre elementos de ambas as idéias, posto que todas as doutrinas autênticas contêm indiscutíveis parcelas de verdade, as quais se perdem por quem elege uma das alternativas.* As idéias de Quintana Cabanas são muito fortes e seu método mostra qualidades incontestáveis. Vejamos por quê.

Nenhum aluno traz em seus genes os elementos culturais que na vida empregará; assim, jamais é determinado, seja pela natureza ou pela cultura, pois, enquanto sua natureza é geneticamente incontrolável, a cultura que lhe é transmitida ajusta-se ao tempo e à maleabilidade das circunstâncias. Por esse motivo, uma função da educação é tanto a formação quanto a informação, uma vez que alguém bem-formado pode tornar-se bem-informado.

Portanto, entre outros fundamentos, uma boa educação deve estimular a criatividade, mas é de se esperar que esta se desenvolva nas etapas finais de um processo, já que a criatividade reflexiva baseia-se no conhecimento adquirido. Para que isso se concretize na prática, é preciso identificar que todo aluno é integrado por elementos da razão e da emoção; logo, ensinar a criar é promover não só o desenvolvimento cognitivo, mas também o pleno desenvolvimento afetivo, integrando o princípio do prazer com o princípio da realidade. Se assim educarmos, estaremos favorecendo o verdadeiro equilíbrio entre a noção do cumprimento do dever, a qual pressupõe obediência e respeito, e a noção do direito à privacidade, à diferença e, é claro, à felicidade.

Uma educação com tais fundamentos não pode esvaziar-se em uma estratégia de aula marcada pela rotina. Na próxima crônica, faz-se uma crítica ao convencionalismo de uma única maneira de ensinar.

O que é mesmo uma aula?

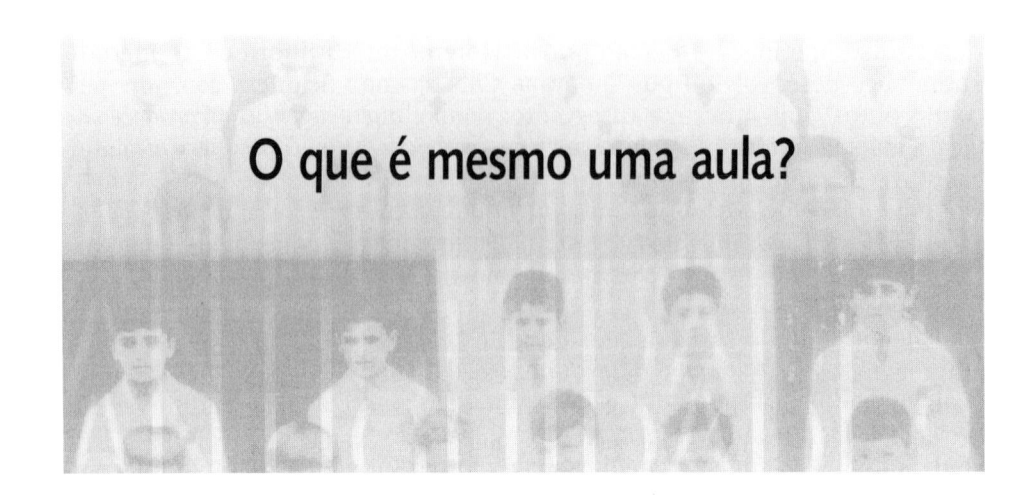

Resolvo fazer um passeio pelas estantes da biblioteca, folheando dicionários. Procuro um conceito para "aula" e descubro algumas curiosidades. Por exemplo: aula é bem mais "espaço" ou "local" para o ensino que propriamente a forma de construí-lo. Em apenas uma das referências, descobre-se que aula é local em que se "ministra lições" e, na busca desse verbete, descobre-se pela primeira vez o conceito de "explanação oral feita pelo professor". Outra referência curiosa ao sentido de "aula" faz alusão ao fato de que a palavra dizia respeito a um palácio dos príncipes, espécie de conselho que o rei convocava nos primeiros tempos da monarquia portuguesa. Achei interessante tal relação, recordando-me de certas escolas que usam e abusam de recursos materiais – e só deles – para a arquitetura dos ambientes, nos quais alunos ricos, verdadeiros e intocáveis príncipes, submetem à tortura os "pedagogos", isto é, os escravos selecionados para instruí-los. Descobri, afinal, porque essas escolas existiam.

Outras informações interessantes colhidas ao longo desse passeio bibliotecário referiam-se à origem, isto é, à etimologia da palavra "aula". Pode ter vindo do grego – *aulé* – e assim seria um "espaço livre", ótimo para a bagunça, ou mais provavelmente do latim "pátio" ou "átrio", reforçando palavras de Bernard Shaw, ao recordar que sua educação jamais fora interrompida, salvo quando assistira às aulas. O pátio, bem o sabemos, ensina e bastante, ainda que se discuta "o que" e muitos alunos apreendem mais nele que nos limites confinados de uma sala. Uma informação que esse passeio não propiciou é a que se refere ao tipo de aula. Será que a aula pode ser apenas expositiva? Será que não existem outras estratégias que se possa somar à explanação?

Claro que a resposta é afirmativa e que não seria em um dicionário ou em uma enciclopédia que ela seria encontrada. Folheando agora tratados de pedagogia, percebe-se que existem inúmeras e excelentes opções para uma explanação. Em síntese, apresentamos nove propostas que, devidamente contextualizadas ao nível médio dos alunos, podem ser desdobradas em várias outras.

Aula-desafio

O professor estrutura o tema a ser trabalhado por meio de questões relevantes e desafiadoras que investiguem os conhecimentos dos alunos e a relação com seus saberes anteriormente conquistados. Em classe, forma duplas ou trios e passa as questões, dando tempo para discussões, debates e conclusões.

Jogos operatórios

Os alunos são organizados em grupos para desenvolverem o espírito colaborativo e sua socialização a fim de realizar tarefas que pressupõem divisão de trabalhos ou integração de saberes. O Painel Integrado, o Jogo de Palavras, o Arquipélago, o Jogo do Telefone e muitas outras atividades são exemplos excelentes desse tipo de aula que podem explorar temas já trabalhados, temas novos ou projetos diferenciados.

Seminários

Pessoas da comunidade, professores de outras séries, convidados e especialistas apresentam uma exposição oral ou com recursos audiovisuais sobre determinado assunto de sua especialidade. O professor concluiu em outra oportunidade com uma criteriosa avaliação sobre o que se aprendeu e sobre como relacionar esses saberes aos que já se tem.

Debates

Os alunos apresentam resultados de pesquisas em atividades práticas ou projetos temáticos. Esta é uma excelente oportunidade para que o professor possa avaliar o nível real de apreensão de conhecimentos e se existe de fato uma "socialização" desses saberes entre os demais alunos da classe.

Estudo dirigido convencional

Munidos de dicionários, livros didáticos diversos e outros recursos, os alunos – individualmente ou em pequenos grupos – devem responder questões previamente estabelecidas pelo professor, desenvolvendo pesquisas nas fontes disponíveis e apresentando-as através de uma síntese.

Estudo dirigido: mapa conceitual

Os alunos – individualmente ou em pequenos grupos – estudam um texto, esclarecem suas dúvidas com o professor, hierarquizam as idéias principais desse texto, definem a seqüência de fatos, devendo transformá-lo em *um mapa conceitual* ou na adoção do esquema de uma estrada rodoviária na qual se assinala o trajeto ou a seqüência do texto e seus pontos referenciais.

Diferentes formas de pensar

Os alunos, após experimentarem a aplicação de diferentes habilidades operatórias – conhecer, compreender, analisar, comparar, classificar, deduzir, localizar, etc. – em notícias de jornais, devem aplicar em duplas essas habilidades em diferentes parágrafos de textos propostos pelo professor.

Auto-avaliação

O aluno realiza uma análise oral ou escrita realizada de seu processo de aprendizagem, atribuindo-se um conceito qualitativo. O professor pode propor uma série de questões-desafio e uma relação que demonstra o progresso "excelente", "bom", "regular" ou "insatisfatório". O objetivo é propor ao aluno um instrumento para que possa analisar suas capacidades e competências, seus pontos fortes e fracos.

Participação em projetos socializadores

Todo projeto é sempre uma pesquisa em profundidade sobre determinado tema, mas organizada com a definição de metas a serem alcançadas. Os alunos devem estar envolvidos nessa busca com responsabilidades pessoais claramente definidas, cronograma dos passos progressivos a serem dados e uma avaliação circunscrita à meta estabelecida. O professor, ao propor um projeto, deve organizar uma listagem de questões encadeadas e acompanhar os passos desenvolvidos pelos alunos, avaliando-os de acordo com os propósitos das metas traçadas.

As propostas mencionadas, e ainda muitas outras que poderiam ser relacionadas, não visam a sugerir ao professor que exclua a "aula expositiva" como sua "ferramenta" de trabalho. Uma aula expositiva bem ministrada, que realmente substitua a simples apresentação de conteúdos por uma outra em que se apresente a criação de significados e a transformação da informação em conhecimento, é uma valiosa ajuda para que o aluno aprenda a aprender. Nosso objetivo foi o de esclarecer que a aula expositiva não deve mais ser vista como panacéia, isto é, como remédio para todos os males e que, por isso, pode ser alternada com outras estratégias capazes de facilitar a construção do conhecimento pelo aluno.

Toda aula é sempre um remédio contra a ignorância, um fortificante para uma mente mais saudável, e não é possível imaginar que, sendo o corpo um só, exista um remédio único para todas as suas funções. Remédios e mentes saudáveis serão abordados na próxima crônica.

Muito mais que fantástico

Repare que a maior parte dos paraplégicos possui tórax e braços musculosos; além disso, muitas pessoas com deficiência auditiva em um dos ouvidos, ou deficiência visual em apenas uma vista, parecem dispor de uma extraordinária acuidade no órgão perfeito. Essa "especialização" de braços fortes, ouvido e vista agudos tem uma, duas ou mesmo três explicações científicas: o paraplégico faz ginástica cotidiana com os braços para movimentar as rodas de sua cadeira, e a repetitividade desse exercício fortalece-os, da mesma forma que a atenção redobrada no ouvido ou na vista saudável aguça de modo extraordinário sua sensibilidade. Outra explicação, cuja aceitação não é unânime, é que o cérebro humano desenvolve algo como um mecanismo compensador que, independentemente de exercícios, promove um poder suplementar de magnífica substituição na parte não-lesada do órgão. A aceitação de uma das correntes explicativas não elimina a outra e, assim, surge uma terceira explicação fundamentada na união das duas: exercício + ação neural compensatória = qualidade redobrada nos braços, nos ouvidos e nos olhos.

Essas considerações pretendem apresentar uma breve introdução sobre a lateralidade do cérebro e algo de ilimitadamente fantástico que ocorre com o lado direito em algumas lesões específicas no hemisfério esquerdo. Segundo evidências que progressivamente são constatadas, acredita-se que algum dano no hemisfério esquerdo faz com que o direito compense a perda e, como conseqüência, surjam os *savants*, criaturas prodigiosas em algumas competências cerebrais, ainda que extremamente limitadas em outras.

Leslie Lemke, cego e parcialmente incapacitado pela paralisia cerebral, ouve apenas uma vez um concerto de piano dificílimo e executa-o sem erro, além de tocar e cantar, improvisar e compor milhares de obras. Richard Wawro, um escocês autista, desenha de forma magnífica, e suas obras são mundialmente disputadas a peso de ouro, embora não saiba compreender o que faz e não imagine o que é. Kim Peeck, mentalmente incapacitado e dependente do pai para se vestir, comer e se deslocar, é uma verdadeira enciclopédia ambulante, sabendo de cor mais de 7.600 livros, códigos de DDD, listagem de rodovias e tudo mais quanto quiser memorizar. Foi ele quem inspirou o personagem Raymond Babbitt, representado por Dustin Hoffman no filme *Rain Man*. Alonzo Clemons, mentalmente incapaz de falar e compreender o que faz, consegue ver de relance a imagem de um animal no cinema ou em vídeo e, em menos de 20 minutos, esculpir uma réplica em cera absolutamente perfeita. Pessoas como Lemke, Wawro, Peeck e Clemons* são ilimitadamente extraordinárias, mas de forma alguma fictícias e representam exemplos de membros do expressivo exército de portadores da *Síndrome de Savants*, condição espetacular de alguns deficientes extremamente limitados em certas capacidades, mas brilhantes em outras. Essa síndrome é encontrada mais ou menos em 10% dos portadores de autismo e em cerca de uma em cada duas mil pessoas com retardamento mental. Casos extraordinários como os citados existem há muitos anos, muitos deles são descritos de maneira emocionante por Oliver Sacks** e, desde o final do século XIX, são identificados. O próprio Langdon Down, identificador da síndrome que leva seu nome, descreveu contatos fascinantes com pacientes com graves deficiências no hemisfério esquerdo e, portanto, com limitadíssimas funções seqüenciais, lógicas ou simbólicas, mas com excepcional poder de memorização ou de criação no campo da música, da arte, da matemática ou das aptidões mecânicas específicas do hemisfério direito.

O que parece ser mais surpreendente em toda essa condição é que os muitos casos descritos por especialistas referiam-se à condição *savant congênita* e, recentemente, foram constatados casos de condição *savant adquirida*. O ponto de partida nessa constatação foi relatado na descrição de um garoto normal de nove anos que, atingido por uma bala que danificou o lado esquerdo de seu cérebro, ficou surdo e mudo, porém progressivamente conquistou uma capacidade mecânica incomum, consertando máquinas como ninguém e desenhando estruturas mecânicas muito além dos limites da engenharia não-computadorizada. Relatos como esse derrubam a idéia de que tal condição extraordinária era somente congênita. Atualmente, sabe-se de inúmeros outros indivíduos que adquirem habilidades imagináveis a partir da progressão de disfunções do hemisfério esquerdo. Se a capacidade congênita relaciona-se com a medicina, a capacidade adquirida pode, ainda que timidamente, entrar no campo da educação.

O avanço da neurociência e a certeza do aparecimento de habilidades extraordinárias em pessoas com deficiência adquirida levantam questões profundas sobre o incrível potencial da mente e esse poder associado à sua modificabilidade. Por esse caminho, volta-se ao ponto de partida desta crônica e

---

*Relatos extraídos de *Scientific American Brasil*, ano 1, n. 2, jul. 2002, p. 80 e ss.
** Para maior aprofundamento desse tema, ver Oliver Sacks, *Um antropólogo em Marte*. São Paulo: Companhia das Letras, 1995.

indaga-se se não seria possível desenvolver a extraordinária força muscular e a acuidade auditiva e visual em *pessoas comuns*, não-lesadas, criando, assim, verdadeiros super-homens e, por essa mesma via, despertando os prodígios excepcionais do hemisfério direito em pessoas sem qualquer disfunção no hemisfério esquerdo, fazendo de cada um de nós seres imensamente maiores do que somos.

A APRENDIZAGEM

Como aprendemos? O que ocorre na admirável "árvore" de neurônios da mente e na não menos excepcional "constelação" de seus impulsos e de suas sinapses quando um aluno reflete: "Ah, agora já sei!". Até que ponto a explanação realizada por um adulto para um grupo de 30 a 50 crianças gera uma verdadeira assimilação, um amplo domínio sobre novas significações? Qual o papel de um professor como mediador na construção de conhecimentos de seus alunos? Existem diferenças significativas no teor de "ensino" que se manifesta no conselho ou na bronca do pai e no discurso do professor? É realmente possível ensinar os alunos a pensar? Ao transformar nossos alunos pela educação, até que ponto nos transformamos? A progressão continuada é uma tese a ser defendida ou atacada?

Este conjunto de crônicas reúne algumas idéias e alguns questionamentos que, se não nos permitem respostas definitivas às questões apresentadas, ao menos nos sugerem caminhos para procurá-las. Ao se falar de aprendizagem, discute-se a força de um ensino que leva o aluno a descobrir em seu entorno, em suas ações e emoções, os vínculos com os temas da matemática e da língua portuguesa, ciências e história e de todas as demais disciplinas que lhe são propostas, desde quando "descobre" a escola até o momento em que esta, ainda que disfarçadamente, "rejeita-o" como corpo estranho.

Os quatro atos da aprendizagem

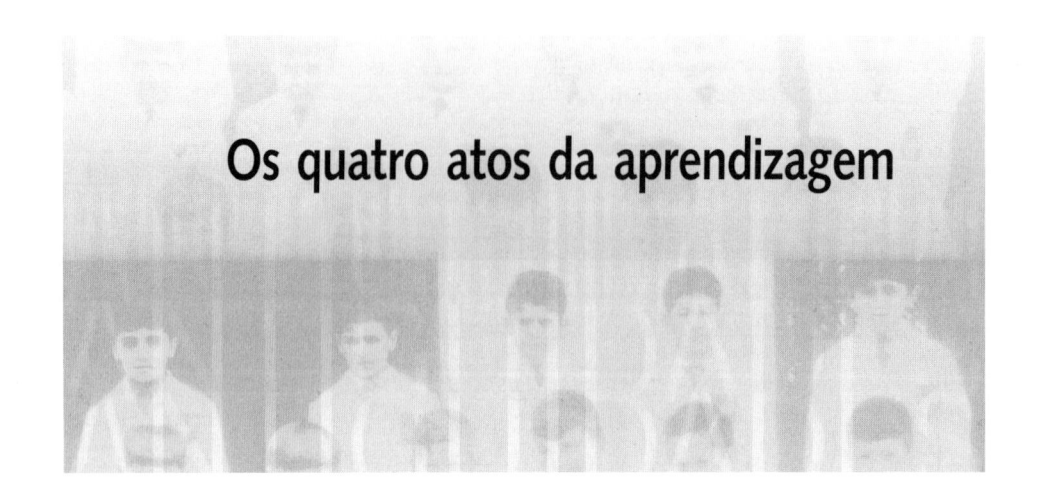

Você acorda pela manhã no hotel e dá-se conta de que está morrendo de fome. Ainda deitado, reflete que isso é muito natural, pois ontem não tivera tempo de jantar. Levanta-se, escova os dentes, passa um pente nos cabelos e desce até o salão de refeições para o café matinal. Seu olhar é atraído por um produto desconhecido. Pelo formato e pela posição na mesa, deduz que é uma fruta semelhante a uma pinha. Exala sabor adocicado e atraente, e só então você descobre o nome escrito abaixo, na travessa: atemóia. Resolve experimentá-la e adora seu sabor envolvente. Repete o nome algumas vezes para não esquecer e indaga ao garçom onde encontrá-la:

"No mercado, doutor. É fruta nova, mas está se tornando popular. Foi desenvolvida através de enxerto, cruzando-se a pinha com a graviola!"

Horas depois, em momento de folga, resolve adquiri-la. Você pensa que será uma surpresa interessante e que as crianças vão adorar. Compra algumas e pede que sejam embaladas, pois viajará mais tarde. Pensa até em fazer brincadeiras com o nome, avisando que levará atemóias. O que pensarão!?

Você acabou de *aprender* o que são atemóias; logo, seus filhos *aprenderão* também. Será que esse "aprender" é o mesmo que a escola usa? Será que aprendemos matemática ou história assim como aprendemos coisas cotidianas? Como aprendemos? O que ocorre em nossa mente naquele instante mágico em que percebemos ter aprendido algo? Uma perspectiva para essa resposta é sugerida por John Ratey, professor da Universidade de Harvard.

OS QUATRO ATOS MENTAIS

As respostas a essas questões são todas afirmativas e parece interessante uma breve reflexão sobre como aprendemos sobre atemóias, sobre os *atos mentais* envolvidos nessa operação, para fazer uso dessa reflexão nos conteúdos dos programas a serem ensinados.

A percepção

Toda aprendizagem começa sempre pela *percepção*. O cérebro muda em cada instante em que interage com o mundo, convertendo os recados de nossos sentidos em informações. A percepção é a porta de entrada das informações que nos chegam e o princípio de toda experiência. Quando no hotel a impulsão da fome levou seus olhos a perceberem "aquela coisa", na verdade estava processando-se um mecanismo perceptivo. Pessoas com déficit de percepção são prejudicadas significativamente em sua aprendizagem, e todo professor deve fazer com que seus alunos, antes de tudo, *percebam* o fato que vai analisar. Tal ação é crucial para a aprendizagem. A percepção do aluno, porém, não se constrói apenas porque o professor fala sobre este ou aquele assunto, mas quando o professor envolve esse assunto em significações, levando seu aluno a descobrir *o que* vai aprender, *por que* vai aprender e qual a *relação* entre aquele tema e o conjunto de temas do seu projeto para a série. Ninguém memoriza por muito tempo uma lista de palavras incoerentes, e somente um bom professor é capaz de transformar um tema em um fato coerente, curioso, desafiador e consistente.

Ação conjunta da atenção, da consciência e da cognição

Tão logo, você percebeu a atemóia na mesa, tomou *consciência* de que, se ali estava, deveria ser comestível e deveria ser fruta. O tato, a cor, a posição, o cheiro observado pela percepção foram construindo sua consciência de que estaria diante de uma fruta nova. Jamais chegaria a ela se em sua memória não houvesse consciência sobre outras frutas – e foi essa consciência que o levou a deduzir que a atemóia não era um pedaço de carne ou um novo tipo de pão. Quando prestamos atenção a uma percepção, adquirimos uma experiência consciente, a qual somente se forma a partir de fatos que já sabemos. Quando se usa drogas, a ação química delas pode suprimir ruídos entre a percepção e a conscientização. Defeitos na rede cognitiva, induzidos ou não, não fornecem a base estrutural necessária para se ter absoluta clareza na representação interna do mundo. O professor ajuda expressivamente seu aluno nessa etapa quando *conhece seus saberes e ancora-os aos saberes novos que explica, criando múltiplas comparações*. Em outras palavras, o aluno precisa associar o saber novo aos saberes antigos que guarda na memória, saberes escolares e, melhor ainda, saberes de seu mundo. Associando o que se apresenta como novo aos conhecimentos antigos de que dispõe, ele constrói o domínio consciente sobre o aprendido.

O envolvimento da ação motora, da memória, da emoção e da linguagem

Observe que sua descoberta foi acompanhada de intenso uso da linguagem. Você não apenas interrogou o garçom, como também conversou consigo mesmo sobre o que seria o objeto desconhecido. Nesse diálogo interior, você se fez perguntas e sugeriu respostas, acionando junto com a linguagem as memórias e as emoções. Pessoas com sérios problemas de linguagem ou cargas emocionais estressantes apresentam grandes dificuldades em operar essa linguagem interior, etapa essencial do processo da aprendizagem. É por esse motivo que a fala do professor somente se transforma em conhecimento do aluno quando é uma fala desafiadora e provocante, quando excita a fala interior e exterior do aluno. Muito melhor que alunos passivamente ouvindo são alunos ativamente debatendo, discutindo, concluindo, sintetizando. A aprendizagem está quase garantida.

A "produção" do cérebro: decisões e comportamentos

Caso lá no hotel você tivesse percebido a atemóia, se conscientizado de que era uma fruta, conversado interiormente sobre experimentá-la ou não, mas parasse aí, por certo a esqueceria. Porém, ao sentir seu aroma, gostar da fruta, pensar em comprá-la, usá-la como desafio para a curiosidade dos filhos, você trouxe essa fruta para o seu mundo e, portanto, *aprendeu-a*. Repare que, nesse ato, houve um trabalho de verdadeira "produção" de seu cérebro, comandado por uma decisão que o envolveu. No ensino de um tema qualquer, a produção ocorre quando o aluno *contextualiza* em sua vida, em suas experiências, em suas emoções, em seus sentimentos, em seus movimentos ou em seu corpo os fatos que aprende. É o momento mágico da aprendizagem significativa, etapa que deve exigir maior cuidado do mestre. Ao iniciar a aula, o fato explicado era seu; esse fato jamais será de seu aluno enquanto você apenas falar dele, mas sim quando esse aluno construí-lo, tornando-o inteiramente seu. E ele somente fará isso quando contextualizá-lo em suas experiências. O aluno que interrompe uma aula e comenta: "Puxa, essa Revolução Francesa está parecendo disputa de campeonato!" está tornando o tema do professor um tema seu e, por isso, lembrará dele com maior intensidade. Esse último ato da aula ocorre quando os vários processos biológicos do cérebro fundem-se com as experiências pessoais. A capacidade de associação entre aquilo que se aprende – aprender = apropriar-se – com o entendimento que se possui do mundo separa uma pessoa saudável de outras atormentadas pela esquizofrenia ou por outras patologias cerebrais extremas.

Observe que nenhum dos quatro atos é mais importante que outro e, ao se falar das patologias que a falta de um deles ocasiona, buscou-se mostrar que o cérebro ou cumpre todas as etapas, ou finge que aprende. Nesta crônica, separaram-se os atos que, como se percebe com as antemóias, são inseparáveis, e a falha em um implica a falha de outros. É por esse motivo que, sem professor algum, você aprendeu a partir de sua experiência, mas, sem você, seus alunos pouco aprenderão sobre saberes escolares, sobre a vida, sobre o mundo ou sobre eles mesmos. Contudo, para que efetivamente aprendam, é importante que algumas barreiras sejam superadas, das quais falaremos na próxima crônica.

Crenças e barreiras no processo de aprendizagem

Por que um aluno não aprende? Será que apenas a falta de esforço pode justificar o fracasso? Será que sempre devemos dar primazia ao insucesso, apontando fatores externos?

Na maior parte das vezes, os principais obstáculos de um aluno para aprender o que deseja tem origem em seu próprio mundo interior, assumindo a forma de *crenças*, colossais barreiras à aprendizagem e geradoras de atitudes mentais perniciosas e negativistas. Não discutiríamos essas possibilidades, caso não acreditássemos na extraordinária força do professor em, ao conhecê-las, executar um trabalho no sentido de removê-las.

As *crenças* são idéias ou pensamentos que aceitamos como verdadeiros e, diante deles, estabelecemos uma *ação* que, ao gerar determinados resultados, reforça essa crença. Os alunos, em geral, chegam à escola dominados pela crença, ou seja, por uma verdade discutível, de que *todo objetivo pode ser sempre alcançado,* de que todo ser humano *pode conquistá-lo* e de que *somente será uma boa pessoa se conquistar o objetivo* traçado pelos pais ou pela escola. Em face dessas crenças, o aluno conduz sua ação, reforçando-as com a tolice de que *uma boa nota significa esforço, bons resultados expressam inteligência* e *somente tem êxito na vida quem tem boas notas e bons resultados.*

Como esses pressupostos são apenas crenças e não constituem – nem devem constituir – "verdades" comuns a todos, aqueles que não as superam acabam ficando sensivelmente abalados em sua *auto-estima*. Essa terrível marca inconsciente, reforçada desde a infância, acaba criando medos ocultos, inseguranças vazias e imagens torpes de incapacidades dos quais se tenta escapar por todos os meios – inclusive pela droga. Estudos neurológicos reafirmam a ação das crenças na química cerebral: uma crença desencadeia verdadeira cascata de elementos químicos que invadem todas as partes de nosso corpo, reforçando a sensação biológica de ser verdadeira. Completa-se, assim, o ciclo perverso da crença: como se tem medo de errar, o suor gelado corre pelas mãos e empapa o rosto, e isso "prova" que efetivamente se errará.

No âmbito educativo, o papel do professor no desenvolvimento da capacidade de seus alunos pode ser importantíssimo, desmontando peça por peça suas crenças negativas e, sempre que possível, colocando em seu lugar outras de natureza positiva. Embora não pretendamos uma análise profunda desse fenômeno e os professores não tenham formação psicológica para detalhá-la, é possível aqui destacar as crenças mais comuns nos alunos brasileiros e as propostas de trabalho docente para, ao revisar tais ações, ajudá-los na restauração de sua auto-estima e, desse modo, redimensionar seu caminho pela vida.

As nossas crenças mais freqüentes e mais perniciosas seriam: o medo do fracasso, o medo de ser "diferente" e o medo de mudar. O professor que acredita que um aluno fracassará provavelmente não erra; erra menos ainda o aluno que acredita nesse fracasso. A tendência de se adaptar aos outros leva o aluno – e também o professor – a cultivar inconscientemente o estereótipo da "pessoa-padrão", a falácia do "aluno normal", esquecendo que estes não existem e que todos devem valorizar a infinita beleza de seu jeito único de ser. Finalmente, a resistência em mudar hábitos e costumes adquiridos sugere o mito da "comodidade" e da "segurança" que bloqueia a fantástica aventura da vida pelos caminhos da descoberta.

Essas crenças são removíveis? Considerando que um conjunto imenso de agentes construíram as crenças, o professor pode desfazê-las sozinho? Como têm agido os que, em outros lugares, tentam esse trabalho? Existem provas de sua eficiência? São respostas que, sem crenças preconcebidas, tentaremos desvendar na próxima crônica.

Desfazer as crenças no processo de aprendizagem

É possível afirmar que existe um relativo consenso entre os especialistas sobre a existência de três procedimentos que, atuando conjuntamente, podem ajudar o aluno a desfazer suas crenças perniciosas e, em conseqüência, estimulam a construção de sua auto-estima.

Esses procedimentos são determinados por *afirmações positivas,* induzidas por projeção mental e, eventualmente, por estratégias de relaxamento. Sabe-se que a melhor forma de provocar crenças positivas é a vivência de experiências bem-sucedidas. Se aos alunos são solicitadas tarefas plausíveis e existe o aplauso consciente dos professores ao sucesso, ainda que parcial, essa "sensação" de êxito tem o poder de reestruturar as redes neuronais de cada aluno, reforçando os sistemas de crenças positivas e desfazendo, pouco a pouco, as idéias e os preconceitos negativos, forjados muitas vezes no lar e sedimentados na vida social.

Essa primeira estratégia é desenvolvida através da ação conjunta dos professores, que trabalham a troca progressiva de crenças negativas por afirmações positivas consistentes, analisando os passos dos alunos em identificar e contextualizar para si mesmos cada uma delas. Porém essas afirmações positivas devem ser ministradas com algumas regras, destacando-se: a) sua repetição várias vezes por semana; b) sua ênfase em diferentes oportunidades, por professores diferentes e outros membros adultos da comunidade escolar; c) sua relação a êxitos efetivos; d) sua capacidade de exaltar o valor intrínseco da conquista, da sensibilidade, do esforço e da criatividade do aluno e e) sua importância na construção de outros passos que a seguir serão propostos.

A segunda estratégia representa uma maneira de se estimular a imaginação do aluno para projetar os estímulos positivos desejados. A técnica *da projeção mental* parte do princípio de que todos os nossos pensamentos produzem resultados – positivos ou negativos – e, se desejamos resultados positivos, é imperioso elevar a qualidade desses pensamentos. Assim, ao propor aos alunos um determinado projeto ou tarefa, é essencial que se tenha uma imagem de como se desejaria que esse trabalho fosse concretizado. É plenamente sabido que, antes de qualquer ato, nossa memória busca informações sensoriais passadas e propõe uma imagem antecipada do que é possível ou não realizar. Se essa proposição não é positiva, importa reformulá-la, emoldurando-a com sentimentos de êxito, não como quem inventa uma elaborada mentira, mas como quem edifica uma esperança transformada em realidade. Todo aluno convidado a participar de uma projeto ou encarregado de cumprir determinada tarefa carrega em seu inconsciente a compreensão de suas limitações e a expectativa de suas potencialidades; é fundamental que as primeiras sejam deixadas de lado, destacando-se as segundas. Todos conhecem seu lado vulnerável, seu calcanhar de Aquiles e, por isso, é importante enfatizar o outro lado de inconteste invulnerabilidade, a certeza de que Aquiles não se resume em um único calcanhar.

Não se trata aqui de exaltar uma ingênua atitude otimista, mas sim de acreditar ser possível aquilo que se quer. Representam regras simples dessa projeção mental: a) jamais transformar os erros de uns em erros da equipe; b) trabalhar os erros como diagnósticos de uma meta e exercícios para o acerto; c) nunca generalizar incidentes pontuais, transformando-os em falhas globais; d) buscar sempre alternativas conciliadoras para o catastrofismo de alguns; e) nunca rotular uma pessoa por um detalhe de sua ação; f) jamais particularizar falhas e g) buscar soluções consensualmente, redirecionando os passos em direção ao alvo definido.

Essas estratégias, que devem ser discutidas e adaptadas à realidade de cada ambiente por toda uma equipe docente, completam-se com estratégias de relaxamento, aparentemente dispersivas, mas em verdade curtas experiências mentais escoradas em bases fisiológicas sensíveis e profundas. São fortes as evidências de que todos os alunos, não importa sua idade, podem aprender a reduzir seus níveis de tensão por meio relaxamentos induzidos, o que favorecerá um estado corporal e mental indispensável a toda aprendizagem significativa. Por isso, é extremamente útil que, no afã da conquista, exista o salutar "intervalo" para o sorriso, para a música, para o bate-papo descompromissado, para o jogo esportivo relaxante e muitas vezes catártico. Quando o tempo urge e esses espaços são impossíveis, que ao menos sobre alguns minutos para que os alunos: a) tensionem os músculos em seu nível mais elevado; b) observem como sentem os músculos e a respiração nesse estado de extrema tensão; c) soltem os músculos, relaxando-os e d) tomem consciência e desfrutem o estado alcançado.

Talvez se possa discutir como verdadeira missão de todo mestre a transmissão integral dos conteúdos de "seu" programa. *O que parece não ser mais discutível é seu papel em desfazer barreiras ameaçadoras a um clima de aprendizagem pesado, a obstáculos invisíveis à auto-estima dos alunos.* Agir assim é demonstrar paixão pelo que se faz e paixão ainda maior por quem se faz.

Aprendizagem e movimento

Faça de conta que você está sentado em uma mesa, corrigindo provas. Pare por um instante e agora imagine que precisa apanhar um livro que está na estante, em outra sala. Sem sair de seu lugar, pense no caminho que executará e na ação de retirar o livro e voltar à sua cadeira.

Não parece, mas aconteceu algo incrível com seus neurônios. Ao pensar em fazer esses movimentos, você estava "exercitando" as mesmas regiões do cérebro que teria usado para se movimentar de fato. Experiências realizadas nesse sentido com equipamentos que acompanham a ação neural, e relatadas com clareza por Ratney (2001), não deixam dúvidas sobre essas assertivas.

Graças a tais experiências, avolumam-se pesquisas que comprovam ser o movimento importante para o cérebro, mas igualmente importante a projeção mental que fazemos sobre o movimento. Os neurocientistas comprovaram que o cerebelo, órgão que coordena o movimento físico, também coordena os pensamentos; assim, ao se agitar, você coloca em ação suas memórias, suas emoções, sua linguagem e sua aprendizagem, e o mesmo também ocorre quando coordena esse movimentos através do pensamento. Se pensar sem se mexer agita os córtices occipital, parietal e frontal, a associação entre o pensamento e os movimentos deliberados agita-os mais intensamente. É desnecessário destacar o quanto essas pesquisas são importantes para o processo de aprendizagem.

Assim como a aprendizagem significativa somente se manifesta quando associamos os novos conhecimentos aos saberes anteriormente adquiridos e registrados nas memórias, ela provavelmente se intensifica ao associarmos esses saberes à ação. Se um aluno, estático, ouve de um professor uma informação e a associa a outras que possui, ele constrói um processo de aprendizagem, mas o construirá de forma bem mais intensa se, em vez de ficar imóvel, "falar" sobre o que está aprendendo e puder, ao imaginar esse saber, desenvolver uma ação sincronizada de seus braços e pernas, dos músculos de todo o corpo. Pode parecer fantasia, porém é ciência: quem procura aprender "esparramado" em um sofá aprende menos significativamente do que quem procura guardar o saber realizando o ritual de um tango.

Embora essas pesquisas sejam recentes, são comuns os registros de ações intuitivas de movimentos deliberados na ação de aprender. Muitas pessoas já pensavam que aprendiam melhor quando murmuravam; outras, ao desejar guardar com mais intensidade um tema, falavam – a sós ou a outros – sobre o mesmo e não poucas sentem que, quando estudam caminhando, guardam as informações mais intensamente. É provável que essas "manias" tenham um fundo de verdade e que tais pessoas estivessem, pela intuição, sabendo o que agora a neurobiologia descobre.

A confirmação desses processos é mais um tiro certeiro na onipresença da aula expositiva como recurso único de ensino. Se para melhor aprender é essencial movimentar-se mais intensamente, é evidente que "classes comportadas", que ouvem passivamente explanações do mestre, colocam-se muito distantes de uma aprendizagem efetiva. Esta jamais dispensa o movimento do corpo, a ação da fala, a exploração das emoções.

Nesse sentido, as boas estratégias de trabalho em grupo que associavam os desafios do saber aos movimentos do corpo não eram e não são melhor aceitas pelos alunos apenas por não serem monótonas, mas porque, ao colocar em ação integrada o pensar e o agir, estão exercitando a mente no que ela mais precisa para estimular a verdadeira aprendizagem e descobrir mais facilmente os caminhos para se excitar as memórias. Logo, a competência para ensinar também pressupõe o estímulo ao movimento. Na próxima crônica, buscaremos explorar competências para o ensino médio.

Os Parâmetros Curriculares Nacionais e as competências para uma melhor aprendizagem no ensino médio

"Por favor, professor, qual a mais importante competência a desenvolver em alunos do ensino médio para que aprendam com mais facilidade e alcancem maior sucesso nos exames vestibulares?"

"Por favor, professor, qual o mais importante músculo a desenvolver para que meu filho se transforme em um excelente jogador de futebol e possa, no futuro, ganhar o mesmo que grandes craques?"

Embora aparentemente diferentes, as duas perguntas apresentam algo em comum: a impossibilidade de uma resposta. Realmente, é tão absurdo falar em *uma* competência a desenvolver quanto acreditar que *um* único músculo possa ajudar na prática de determinado esporte e, pior ainda, garantir o sucesso. O mais coerente é pensar em *quais competências desenvolver* e acreditar que, com muito esforço e treino, essas competências levam o aluno a aprender melhor, fato que absolutamente não significa que o tornará capaz de driblar os imensos labirintos que o farão atravessar as estreitas portas dos vestibulares mais concorridos. O desenvolvimento desse elenco de competências não representa segredo deste ou daquele professor; antes se insere nos próprios documentos que analisam os Parâmetros Curriculares Nacionais para o Ensino Médio e estão claramente enunciadas nos Documentos Introdutórios dos Exames Nacionais do Ensino Médio. Em síntese, esses documentos declaram o seguinte:

1. As competências que se necessita estimular devem ser vistas como modalidades estruturais das inteligências, ou seja, um conjunto de ações e operações que devem ser usadas para estabelecer relações múltiplas e resolver problemas. Desde que devidamente adquiridas, geram habilidades (saber fazer); portanto, pensar em competências significa explorar a faculdade de mobilizar diferentes recursos

cognitivos para enfrentar desafios com eficiência. Em síntese, "competência" significa *compreender* uma pergunta e mobilizar os elementos estruturais que se tem em mente para encontrar uma resposta eficiente.
2. Compreendendo-se com clareza o que efetivamente é uma competência, chega-se ao elenco das que são as mais importantes, embora não sejam exclusivas. Entre elas, cabe destacar a *capacidade de abstração* que se desenvolve no aluno e que se conquista, paradoxalmente, "tirando-o" dos seus pensamentos e levando-o a "pensar no que antes nunca pensou" – que é o tema que se trabalha – para logo depois "trazê-lo de volta", associando o que descobriu com o que de novo pensou sobre o seu mundo, o seu entorno, os seus conhecimentos. Com essa competência, o aluno não aprende como quem apenas veste uma camisa, mas como quem a transforma em sua segunda pele, contextualizando-a a suas emoções e aos encantos de sua vida e de sua realidade circunstancial. Simultaneamente a essa competência, é importante estimular a capacidade desse aluno em assumir um *pensamento sistêmico*, não mais percebendo o que aprendeu como "algo solto" na memória, e sim como parte integrante de um todo. Conquistar essa maneira de pensar é jamais confundir capítulo com novela ou degrau com escada; em outras palavras, é distinguir que esse saber insere-se em outros mais amplos que, por sua vez, inserem-se em outros ainda mais amplos.
3. Outras duas importantes competências a estimular, ainda diante do mesmo tema ou elemento de aprendizagem, é uma *visão criativa* e uma *ação curiosa*. A criatividade manifesta-se pelas associações indispensáveis que se fará entre o objeto do saber e a vida que se vive: se uma cena da aula de história associa-se a um lance futebolístico inesquecível, essa cena será melhor preservada na memória episódica. Tal competência não se manifesta caso o professor não levante perguntas intrigantes, desafios curiosos, propostas inusitadas que, por causar a surpresa, levará o aluno à conquista de uma resposta criativa.
4. Essa resposta, porém, jamais deverá ser solução única, elemento solto que divaga pela memória explícita, e sim uma resposta com diferentes alternativas e caminhos de diferentes aplicações. A busca de alternativas diferentes não se conquista senão pelo treino, e não existe espaço mais fértil para o mesmo que a sala de aula. Até que ponto a solução que se encontrou na matemática é válida para a geografia? Posso usar em história os passos que aprendi na análise sintática em língua portuguesa? Quando, através do insubstituível exercício do treino, o aluno puder caminhar por essas múltiplas alternativas para uma mesma resposta, deverá aprender a trabalhar em equipe e compartilhar o saber não como quem "ensina" o colega ou como quem dele "aprende", mas como quem divide experiências e, literalmente,

troca idéias. Ora, o que é uma "troca" de idéias sem o espírito de um verdadeiro intercâmbio que enriquece todos os envolvidos na busca dos mesmos caminhos? Contudo, trabalhar em equipe não simboliza uma competência que nasce da simples união de pessoas; ela requer treino, por meio do qual se aprende a aceitar críticas e a fazê-las, exercitando-se com o outro o sentido de uma verdadeira cooperação.

5. Ao se alcançar essas competências, chega o momento de se inventariar outras e, entre estas, é essencial o *aprimoramento da comunicação* que se estabelece, buscando as melhores palavras para estimular idéias com mais vigor e refazer frases já prontas, na busca de melhor fazê-las. Jamais um texto pode ser tão primoroso que não possa beneficiar-se de uma revisão cuidadosa que não apenas o corrija, mas que também possa enriquecê-lo com uma valiosa precisão. Nessa busca, é importante adicionar-se uma pitada de "método científico" ou de princípios estruturais que devem nortear qualquer pesquisa, como, por exemplo, a capacidade de delimitação do tema, a identificação das questões que sobre ele é possível fazer, um inventário das hipóteses plausíveis para suas respostas, seguidas de experimentos que levam às inevitáveis conclusão e construção de conceitos. Isso alcançado, chega-se finalmente ao desenvolvimento da competência de se *buscar novos conhecimentos*, sem jamais deixar de se exercitar *diferentes habilidades* – comparar, analisar, classificar, sintetizar, conceituar, expressar, descrever, contextualizar, entre outras – que, em última análise, nada mais é que ensinar o aluno a pensar, desenvolvendo suas linguagens. No entanto, esse mesmo tema esconde uma estatística perversa que na crônica seguinte apontaremos.

É evidente que nessa síntese não se buscou objetivos explícitos e conhecimentos específicos de cada disciplina que, por sua vez, também tem outras competências a sugerir. Mas, quando esses caminhos são trazidos para a aula, atribua-se o nome que se queira atribuir, na realidade o professor está verdadeiramente ensinando, pois tem em mente um aluno que nada mais pede que o direito de aprender. Assim agir não significa apenas pensar no que faz, mas inclui também pensar para quem se faz.

Uma estatística perversa

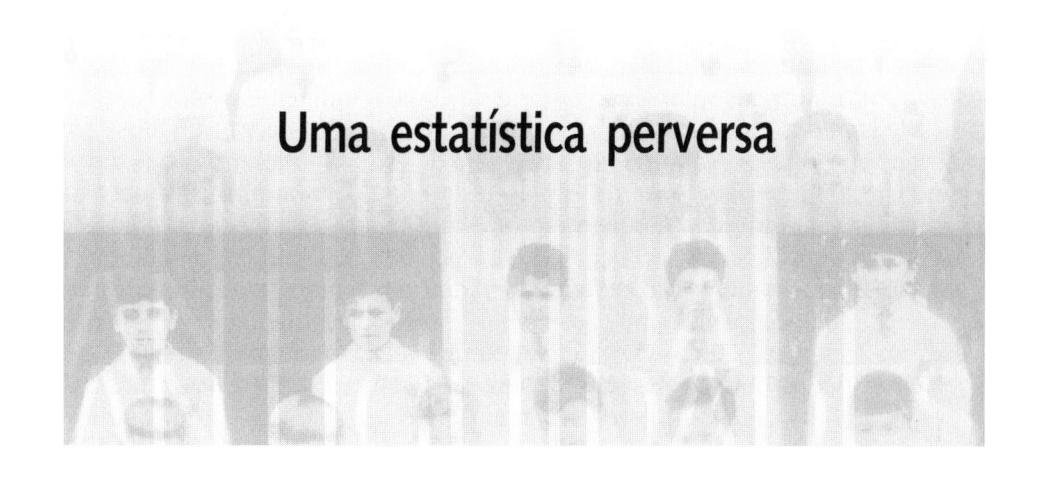

"O que a estatística mostra é interessante, mas o que esconde é essencial". Essa afirmação tem sido reiterada repetidas vezes, e sua autoria é atribuída a diferentes autores, de escritores a políticos, de economistas a apresentadores. Na realidade, o que interessa não é sua autoria, mas o fato de que é, indiscutivelmente, verdadeira. Não há como negar que as estatísticas podem ser manipuladas segundo interesses ou pontos de vista específicos e, por conseguinte, colocar-se a serviço de quem as interpreta. É por essa razão que a estatística apresentada a seguir merece toda ressalva e admite interpretações diferentes das que podemos fazer nesta crônica. Além disso, são estatísticas válidas para uma parcela de crianças norte-americanas; logo, ainda que se suspeite que sejam similares às brasileiras, o entorno de sua exploração ocorreu em espaço que não o nosso.

Betty Hart e Todd Ridley (Ratey, 2001, p. 319), educadores norte-americanos, estudaram 42 crianças, filhos de profissionais liberais, operários e pessoas dependentes da ajuda pública, gravando sua fala e submetendo-a a diferentes baterias de testes. Observando-as durante os primeiros dois anos e meio de vida, constataram estarrecidos que os filhos de profissionais liberais ouviam em casa, em média, 2.100 palavras por hora; os filhos da classe operária, no mesmo espaço de tempo, ouviam 1.200 palavras, enquanto os filhos de pessoas carentes ouviam somente 600 palavras. Considerando o formidável estímulo gerado para a mente e para os pensamentos de uma criança pelas palavras que ouvem dos adultos com os quais interagem, essas estatísticas são, no mínimo, assustadoras. Em suma, crianças de uma ou de outra classe social podem nascer com "equipamentos neurológicos" absolutamente perfeitos, mas sua capacidade de dizer e de pensar será profundamente afetada a partir dos dois anos e meio, porque as mais carentes entre elas tendem a crescer em ambientes nos quais a conversa é restrita, a fala é pouca e a comunicação é extremamente objetiva.

Com base no que hoje se conhece sobre o poder da argumentação no desenvolvimento da infância, essa estatística impressiona, pois o que mais compromete o desenvolvimento cerebral da criança indigente é bem menos a precariedade das condições de higiene em que vive e a pobreza do alimento que consome, mas principalmente a carência de estímulos cerebrais que deveria receber na admirável fase da explosão da linguagem infantil. As mesmas estatísticas apontam que, assim como ouvem e falam bem mais, os filhos de pais profissionais liberais recebem *feedback* positivo 30 vezes em uma hora de convívio. Esses estímulos são exatamente o dobro recebido pelos filhos de pais operários que, por sua vez, proporcionam *feedback* positivo aos filhos cinco vezes mais intensamente que o oferecido entre a classe menos assistida.

Esses dados obtidos na comunidade norte-americana – e nada nos faz crer que no Brasil seja diferente – são muito mais importantes do que aparentam ser. O que mostram assusta, mas o que escondem estarrece. Toda criança que cresce em um lar "falante", que é desafiada a pensar, que descobre em seus pais verdadeiros propositores de questões, desafiadores de dúvidas, contadores interativos de histórias, que a envolvem tanto na tarefa de escutar quanto na de falar, opinar, sugerir e propor, será sempre uma criança neurologicamente privilegiada em relação a outras que crescem prisioneiras de desafios, meras cumpridoras de ordens, que, por serem pouco estimuladas a ouvir, têm menos experiências em sua grandeza do pensar. Porém, como o próprio aforismo estatístico destaca, esses dados também servem de alerta: Você desafia seu filho a pensar? Propõe perguntas? Incita-o a falar? Leva-o pela trilha dos sonhos? Instiga e dá asas à sua curiosidade? Acompanha as lições que faz? Questiona o porquê das tarefas que executa?

Se as respostas forem afirmativas, parabéns. Seu lar pode ser materialmente não tão favorecido, mas a educação que você promove não está distante daquela que poderia ser a melhor. A próxima crônica reforça essa assertiva.

Interrogação ou exclamação?!

Os sinais de interrogação (?) ou de exclamação (!) são apenas dois símbolos gráficos que nos ajudam a dialogar. Presentes em inúmeros textos, são ainda mais freqüentes em nossas conversas diárias, mesmo nas conversas banais que praticamos sem nos dar conta. Todavia, dependendo do modo como são utilizados pelos pais com filhos de dois a cinco anos ou por professores de educação infantil, esses dois símbolos gráficos podem representar uma forma de bloqueio ou estagnação do desenvolvimento dos centros de linguagem da criança ou, ao contrário, de estímulo neuronal, promovendo sinapses muito mais intensas e levando a criança a pensar mais e melhor, além de diferenciar a apatia do "dizer" e a grandeza do "falar". O uso de um desses sinais evidencia a enorme diferença entre "a ordem" que robotiza e "o jogo verbal" que estimula.

Observe os exemplos e busque contextualizá-los em uma sala de aula ou em uma casa: "Quero ver sua lição!", "Agora não!", "Desligue a TV!", "É hora do banho!", "Não coma nada antes do jantar!", "A vovó pediu para você ligar para ela!". Repare que são frases do cotidiano e que, invariavelmente, terminam com pontos de exclamação. Observe agora outros exemplos, contextualizando-os em uma situação mais ou menos análoga: "Como foi o seu dia?", "Que brincadeiras você teve na escola?", "O que você acha que veremos no circo amanhã?", "Você é capaz de contar o desenho assistido na TV?", "O que você viu no caminho da escola?". As frases, nesse segundo exemplo, não são mais ou menos difíceis de serem ditas que no primeiro; observe, porém, que ganharam asas, escaparam do ambiente restrito do espaço, cavalgaram sonhos e fizeram-se luz.

Observações do cérebro de crianças, projetadas em telas de computador através de imagens de ressonância magnética (IRM), quando submetidas a um ou a outro tipo de questões, exibem diferenças impressionantes. As questões fechadas, as ordens a serem cumpridas, as perguntas que exigem apenas o "não" ou o "sim", não estimulam, não envolvem os neurônios em sinapses, não criam pensamentos. Robotizam a mente infantil, emparedam-na na concisão da resposta, aprisionando-a nos estreitos limites do "aqui" e do "agora". Para respondê-las, não é preciso nem mesmo pensar, e a mente de uma ratazana treinada a acionar alavancas cumpriria sem dificuldade esse papel.

Já as questões interrogativas são diferentes. Se propostas por pessoas que saibam ouvi-las, se apresentadas por pais e mães, mestres e professores que não aguardam a maldição da "resposta certa", daquela que "já se sabe e pela qual se espera", mas sim a surpresa do pensamento que a elaborará e saberá fazer dessa admirável resposta outras perguntas, a ação desses desafios sobre a linguagem e os pensamentos será incomensurável. O "instinto" da linguagem já nasce com a criança, assim como nasce a capacidade de construir uma verdadeira "gramática universal". Contudo, esse peça genética não pode dispensar o auxílio desafiador de questões que envolvam o ponto de interrogação e o surpreendente impacto de perguntas desafiadoras sobre a capacidade de pensar, a inteligência futura, o sucesso escolar e a própria competência social que a criança desenvolverá.

Mesmo considerando a dimensão afetiva que subjaz a toda pergunta desafiadora e refletindo apenas em termos neurobiológicos, é absolutamente inegável a diferença para a vitalidade e a saúde dos neurônios entre uma criança que responde a seus pais os monossílabos da verdade inquestionável – "Sim!", "Não!", "Fiz!", "Não fiz!", "Fui!", "Não fui!" – e outras que, alentadas por desafios interrogativos, não se sentem temerosas em imaginar, construindo fantasias, pensando o impensável, emocionando-se com as idéias, talvez com experiências como se mostrará na crônica seguinte.

As idéias, quem diria, também se contaminam

Faça uma experiência extremamente simples, com dois grupos de alunos com idade entre 10 a 15 anos, que não se conheçam. O primeiro grupo, por exemplo, pode estudar no turno da manhã, e o segundo, no turno da tarde, ou ainda em escolas diferentes.

Ao iniciar a aula, diga que passará algumas referências a respeito de um personagem fictício a que você chamará de Eduarda ou de outro nome qualquer que desejar criar. Os alunos devem ouvir suas observações sem anotá-las. Não informe que, dias depois, você as cobrará. Então, passe a informação: ao primeiro grupo, diga que Eduarda é muito bonita, inteligente, caprichosa, ordeira, teimosa, invejosa, preguiçosa e impulsiva; ao segundo grupo, passe as mesmas informações, alternando a ordem dos adjetivos que caracterizam a personagem. Assim, Eduarda será impulsiva, preguiçosa, invejosa, teimosa, ordeira, caprichosa, inteligente e muito bonita.

Espere uma semana e indague a um ou mais alunos de cada um dos grupos o que lembram a respeito de Eduarda. Poderão ocorrer tipos de respostas diferentes, porém é mais provável que o primeiro grupo recorde as qualidades positivas de Eduarda e que o segundo lembre as qualidades negativas. Ainda que aspectos positivos e negativos tenham sido apresentados em igual quantidade e, literalmente, tenham sido os mesmos, a ordem em sua apresentação despertou o pensamento primário e, assim, condicionou um preconceito que contaminará o restante da informação.

Se tal fato não ocorrer, provavelmente o aluno associou Eduarda a algum conhecido seu e guardou na memória os adjetivos com os quais pensa esse amigo; caso contrário, lembrará primeiro os adjetivos, positivos ou negativos, que tenham sido priorizados na apresentação. Essa pequena experiência nada tem de original e reproduz uma outra similar desenvolvida por Salomon Asch (Ferrés, 1998, p. 50) com estudantes universitários nova-iorquinos, justamente com a finalidade de destacar o caráter contaminante das idéias, sobretudo do pensamento associativo, muito mais pela forma como elas são apresentadas do que por seu conteúdo.

Longe de ser apenas um prosaico experimento, os estudos que se seguiram a esse relato demonstram a imensa importância da hierarquia de idéias que deve estar presente em todo tipo de aula expositiva ministrada.

Na exposição de um tema, seja qual for a disciplina lecionada, são apresentadas idéias centrais, fortes, decisivas, conclusivas e essenciais, assim como idéias periféricas, bem menos relevantes, meramente auxiliares. Se sua apresentação não enfatizar e ordenar as primeiras, se o quadro-negro que refletir essa aula apresentar os dois tipos de idéias sem qualquer hierarquia, se o aluno for induzido a anotar "tudo" o que o professor falou, provavelmente a hierarquia de pensamentos será caótica e a memória registrará mais a periferia do que a essência. O aluno talvez se lembre da aula, mas certamente confundirá fatos relevantes sobre o tema com outros de menor valor. Provavelmente graças a esse poder contaminante do pensamento primário é que muitas vezes julgamos uma causa por sua aparência, brigamos com amigos por detalhes fúteis, esquecemos o imprescindível para guardar o supérfluo. A próxima crônica continua a articular essas questões.

Falar sério e falar brincando

"Eu preciso ter uma conversa *séria* com meu filho!", "Chegou a hora de falar *seriamente* com aquele pai!", "Solicitei ao diretor da escola que tivesse uma conversa *muito séria* com você!". Afirmações dessa natureza traduzem a impressão da sisudez e, mais do que isso, o fato de que o assunto requer providências e o discurso deve induzir mudanças. Conversar *seriamente* é falar do essencial, do imprescindível, do inesquecível; é dizer com a finalidade explícita de "educar".

O falar *brincando*, ao contrário, revela uma linha inteiramente oposta e expressa a conversa descompromissada, fantasiosa, irrelevante. Caso fosse possível comandar os esquemas de funcionamento da memória de longa duração, quando se fala *seriamente* sempre se faz um discurso para não ser esquecido; porém, quando se fala *brincando,* é pouco importante que se guarde o que foi dito. Mesmo quando nossa memória resolve guardar o relato apresentado através de uma brincadeira, guarda-o por tê-lo assumido de modo sério, transformando a fala irrelevante em discurso essencial.

Se os pais e os professores pudessem refletir lucidamente sobre o efeito dessas duas formas de comunicação, certamente mudariam sua maneira de encarar o que é dito com seriedade e o que é falado apenas por brincadeira. Estudos recentes da novíssima teoria da comunicação enfatizam que os grandes profissionais da indústria da persuasão, os vendedores, os publicitários, os comunicadores de massa e os políticos profissionais preferem enviar suas mensagens pelos caminhos da emoção, por meio da estratégia da metáfora, de relatos carregados de pieguismo, de apelo sensual ou místico. Esses profissionais evitam abordagens extremamente explícitas e assépticas, maquiando ou camuflando sua mensagem mediante o fascínio da emoção. Organizam relatos propositadamente contraditórios por saber que quem o ouve busca inconscientemente a resolução dessas contradições. Todo ser humano, o aluno sobretudo, necessita ouvir coisas que criem e, logo depois, eliminem suas tensões para as criarem e eliminarem outra vez.

O inconsciente humano sente-se atraído pela fala que proponha o jogo dialético entre a tensão e o equilíbrio, o eterno conflito entre o bom e o mau. Nessa capacidade de unificar contrários reside o segredo dos discursos envolventes, do telejornal imperdível, da aula desejada.

Além de todas essas qualidades, o falar brincando – que nada tem a ver com o falar anedótico – muitas vezes unifica a necessidade do elemento novo de se prender a estruturas mentais conhecidas, gerando a segurança na novidade, o prazer na repetição. Tempos atrás, preparar uma boa aula era tão-somente relacionar os conteúdos essenciais do tema a ser proposto; hoje, com a banalização das informações e com a internet tirando o sono de cada professor, exige-se bem mais: tão importante quanto saber *o que* dizer é a estratégia de saber *como* dizer.

O discurso extremamente lógico, convenhamos, é bem menos interessante que a sedução do relato metafórico, ao mesmo tempo forte em seu conteúdo e encantador em sua forma. No entanto, um bom discurso pedagógico não dispensa o domínio de algumas estratégias de aprendizagem. Delas é que nos ocuparemos na crônica a seguir.

As cinco estratégias de aprendizagem

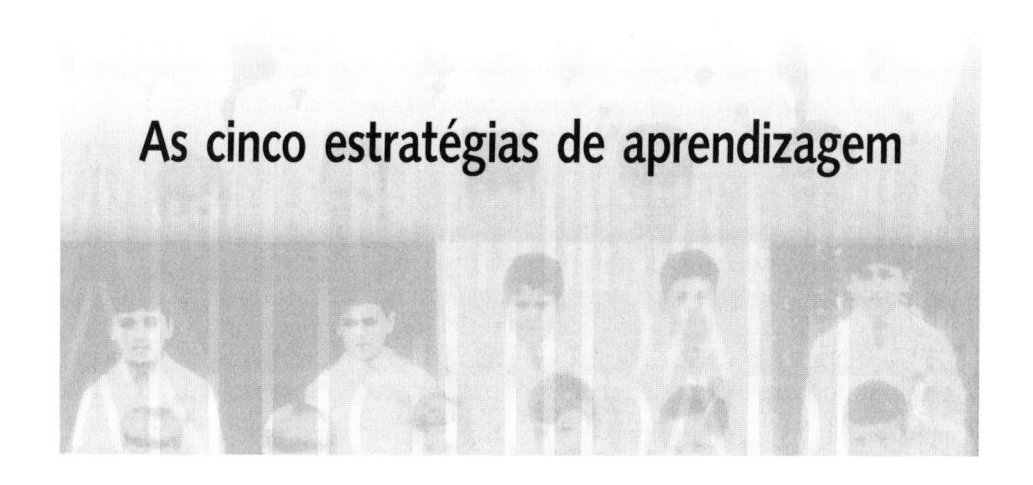

Amanhã, por exemplo, haverá prova de biologia, e o aluno em sua casa mostra toda a sua angústia e insegurança. Tem consciência dos conteúdos solicitados, dispõe de apontamentos de aula e livros sobre o assunto, mas não sabe por onde começar. Reclama a ajuda do pai ou da mãe, e estes, solidários, até que cooperariam, desde que soubessem como agir. Mas não sabem e buscam confusamente uma maneira de participar da aprendizagem. Como agir?

Nessa hora, e naturalmente em inúmeras outras, para essa ou outra disciplina qualquer, será sempre valioso o emprego das estratégias de aprendizagem sugeridas por Weinstein e Mayer (1985), posteriormente organizadas por Good e Brophy (1986). Adaptando-se as mesmas para a idade do aprendiz e o conteúdo a ser aprendido, seria interessante desenvolver as estratégias a que chamaram de *ensaio, elaboração, organização, monitoramento* e *afetivação*.

O primeiro passo, nesse caso, seria desenvolver o *ensaio*, estimulando-se uma leitura ativa do texto a ser aprendido, inicialmente de maneira verbal e a seguir fazendo algumas anotações de suas idéias fundamentais. O que antes era apenas um título agora se transforma em um enredo, dispondo de título, subtítulo e idéias essenciais. O passo seguinte seria a *elaboração,* constituída de: a) releitura e reescrita do tema, em que se agregariam outras idéias às idéias principais, b) a elaboração de um resumo e c) analogia desse tema a outro conhecido ou até mesmo a um fato ou elemento das emoções vivenciadas. Assim, estaria concluída a segunda estratégia.

O terceiro passo proposto seria o da *organização* e refere-se à imposição de uma estrutura ao material a ser aprendido, subdividindo-o em partes e buscando identificar relações subordinadas ao criar um diagrama que retrate uma hierarquia ou rede de conceitos. Nesse caso, por exemplo, é até possível comparar-se a matéria que se busca aprender com um caminho que se sabe fazer, traçando esse mapa como quem assinala a rota identificada por alguns pontos essenciais. Tal como traço o percurso que devo seguir de minha casa até determinado ponto da cidade onde moro, o texto que preciso aprender também começa com a clarificação de um conceito, passando por sua descrição e de suas características até chegar a uma teoria – naturalmente, todo esse processo é permeado por idéias diversas.

Após a estratégia da organização, vem o *monitoramento da compressão*, que envolve questões sobre o conteúdo a ser aprendido, cujas respostas implicam a consciência realista do quanto se está captando e absorvendo. Se nessa fase alguma resposta revelar indecisão ou dúvida, é importante que se retorne às anteriores, conquistando a segurança na aprendizagem. Também é interessante o exercício de relatar, analisar, sintetizar e, finalmente, avaliar.

Com essas quatro fases ou estratégias, é de se esperar que ocorra o domínio e a compreensão do tema, com a correspondente construção de significados pela mente. Por isso tudo é que essas fases são complementadas pelas chamadas *estratégias de afetivação*, as quais correspondem à eliminação consciente de sentimentos negativistas, desconfortáveis ou desagradáveis que se contrapõem à aprendizagem. A mente humana deixa-se "enganar" com surpreendente facilidade pelo corpo e, se acreditamos no insucesso e no fracasso, é possível que os estejamos construindo. Uma coisa é enviar recados mentirosos à mente, iludindo-a com falsos pensamentos positivos, fingindo que sabemos quando ignoramos; outra coisa é o estabelecimento e a manutenção de atitudes positivas de motivação, concentração e controle da ansiedade.

Essas estratégias são efetivamente eficientes, mas serão muito mais se, antes de seu uso, os alunos puderem dispor de professores que desenvolvam conteúdos que mostrem valor para sua vida, seu meio e suas emoções, que estejam relacionados a metas plausíveis e, sobretudo, que ofereçam a oportunidade para o exercício pleno do processo individual e intransferível da aprendizagem. A próxima crônica propõe uma metáfora para melhor caracterizá-la.

A metáfora dos três caminhos

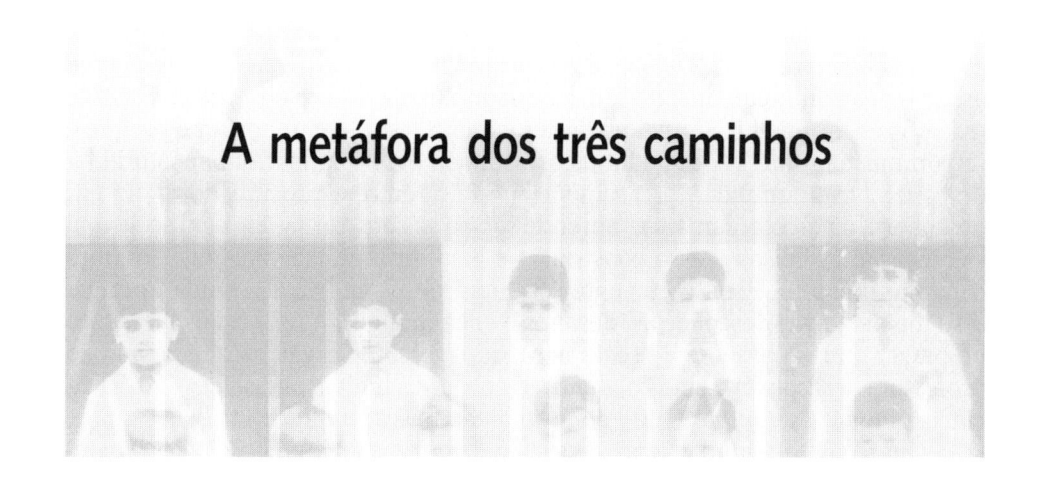

Imagine que, caminhando distraidamente pela praia, você descubra uma garrafa atirada pelas ondas. Recordando suas fantasias de infância, antevê o tesouro oculto e, com ansiedade e encanto, retira sua rolha. De fato, encontra um mapa e nele a cruz que assinala o local mágico da fortuna: encontra-se exatamente no ponto de junção de três caminhos. Todavia, o alcance desse ponto pressupõe que as três trilhas sejam percorridas e que se apresentem limpas, cuidadas, claramente sinalizadas. Caso não estejam assim, é essencial que isso seja feito para que o direito ao tesouro oculto possa ser efetivamente conquistado.

Essa metáfora vale para a aprendizagem de todo aluno. A primeira trilha é representada pela *dimensão do conhecimento* que se precisa aprender. Seu conteúdo encontra-se conscientemente claro? Sua "utilidade" para o aluno está explícita? A matéria a ser transmitida pode ser contextualizada às emoções, ao corpo e ao entorno do aluno? Seus saberes permitem a exploração de diferentes habilidades operatórias, como relatar, descrever, sintetizar, comparar, deduzir e relacionar? O professor sabe o que ensina e, mais que isso, por que ensina? Possui uma visão longitudinal desse conhecimento na essência de conhecimentos maiores? Percebe que esse mesmo tema é passível de ser expresso por linguagens diferentes, suscitando diferentes inteligências? Descobriu os esquemas dos saberes do aluno para conectá-los aos saberes do conteúdo a ser ministrado? Sabe os meios para avaliar a compreensão do aluno e a transferência do aprendido para o seu cotidiano? Respondidas essas questões, aplainados possíveis obstáculos, o primeiro caminho está pronto. Importa trilhar o segundo.

A segunda trilha é representada pela *dimensão das relações*. O aluno que se busca ajudar gosta de aprender? Foi realmente motivado a isso? O professor soube propor desafios e tornar interessante a matéria a ser aprendida? Esse aluno gosta da sua relação com a escola, com as atividades que propicia, com os colegas na classe que freqüenta? Existe um efetivo prazer no saber? É claro que esse prazer estará ausente se o aluno aprende apenas porque seu pai assim o determina, ou porque seu professor o exige. Estará ausente também se esse prazer for mistificado pela falácia de que o "estudo é importante porque é importante e pronto". A trilha limpa pressupõe a alegria, mas também a utilidade concreta no aprender, o casamento perfeito entre a procura do aluno e a descoberta da escola. Jamais se aprende se não se constrói signos nem se atribui significação às coisas – essa construção e essa atribuição jamais dispensam o caminho do afeto. Estudo eficiente é sempre o que se "quer" estudar, porque essa missão leva a descobertas, desafios e encantamentos. Esse relacionamento de prazer entre o aluno e a escola não é intrínseco nem genético, cabendo ao professor e à escola fomentá-lo, dentro de todos os limites plausíveis. Providenciada a limpeza desse caminho, pode-se então buscar a terceira trilha.

O terceiro caminho é representado pela *dimensão das afetividades*. O aluno que chega à escola não é o adulto que encontra emprego e, para o seu sucesso, busca também se adaptar às estruturas vigentes. Ao contrário, é alguém que se anuncia ansioso, porém assustado, e precisa construir sua segurança pelo caminho do afeto. A escola deve acolhê-lo como ser singular, proprietário de uma história de vida específica proveniente de um ambiente psíquico, cultural e familiar único. Para esse indivíduo, não podem existir generalizações; ele não deve ser olhado com expressão irreal de uma "média" ditada por sua classe social, sua idade e seu nível de informações disponível. O reducionismo de se julgar que em certa idade as pessoas "pensam" da mesma forma é tão mentiroso quanto a crença de que possuem igual ousadia ou timidez. Seres diferentes na maneira de olhar, sonhar, falar, sorrir são também diferentes na maneira de aprender. Cabe ao professor contribuir para que cada um de seus alunos integre seu passado, descubra seu presente e projete seu futuro, aprendendo a se auto-avaliar e a se apropriar integralmente de seu potencial. Não é fácil limpar essa trilha, mas é gratificante a tentativa de fazê-lo. Com os três caminhos limpos, chega-se, afinal, ao tesouro. De que é feito? Qual é o seu conteúdo?

O tesouro encontrado é imenso e dispensa metáfora para exaltá-lo. Graças a ele, o homem saiu da caverna e viaja pelos espaços; deixou a magia e inventou a ciência. Esse tesouro, afinal de contas, chama-se *aprendizagem*, a qual será tão mais límpida e perfeita quanto mais bem cuidados estiverem os caminhos que dão acesso a ela. Caminhos que, como se analisará na próxima crônica, não se mostravam tão limpos assim alguns anos atrás.

Nossos pais não aprendiam como devemos aprender atualmente?

Pedrinho é uma criança adorável e comunicativa. Com quase dois anos, faz um esforço sobre-humano para se comunicar, porém, com parcos sucessos. Não apresenta qualquer problema de aprendizagem, e seu aparelho neurológico, ao que tudo indica, está em perfeita ordem, mas é vitima de uma educação multilingüística que o atrapalha e confunde, não se fazendo compreender plenamente por seus amigos do prédio. Também pudera! O pai é alemão e somente se expressa através dessa língua, aplaudindo com entusiasmo e vigor toda palavra ouvida do filho se dita no idioma de Goethe; a mãe, por sua vez, é peruana e, com orgulho, leva sempre o filho aos pais, que se entusiasmam a toda fala de Pedrinho que possa lembrar Cervantes. Como se isso já não bastasse, a governanta que cuida de Pedrinho é brasileira, assim como seus vizinhos e amiguinhos do prédio, estimulando-o a se comunicar na bela língua de Camões ou de Bilac. Podem existir estruturas semânticas mais confusas na cabeça de Pedrinho?

É evidente que a situação desse menino é episódica e que, dentro de algum tempo, saberá comunicar-se e, talvez, até em mais de uma língua. Seu exemplo vale apenas como metáfora sobre o que aqui queremos afirmar e refletir sobre o aprender e o não-aprender.

Até os anos 70, a maior parte dos professores, pais e amigos ensinava que a aprendizagem eficiente para as duríssimas e assustadoras provas baseava-se na repetição do tema das aulas, desenvolvendo estratégias mnemônicas, copiando e recopiando apontamentos com tintas de diferentes cores e ensaiando dramaticamente o tema a ser perguntado, com a finalidade explícita de reforçar a memória sem que a compreensão pudesse ser evocada como referencial importante. Com o desenvolvimento das teorias cognitivistas e com a literal "abertura" da mente de pessoas vivas, permitindo a observação da aprendizagem no momento em que os neurônios processam as sinapses, elaboraram-se conceitos de "aprendizagem mecânica" ou "arbitrária" e reorganizaram-se novas formas de aprender. Tal como no caso de Pedrinho, a linguagem docente que nos ensinaram não é a mesma com a qual agora nossos alunos nos indagam. Como devemos agir?

Não se trata, evidentemente, de se optar por uma ou por outra forma de aprendizagem e, menos ainda, pela criação de uma estratégia que incorpore as duas. O que hoje se sabe, literalmente, sepulta o que antes se acreditava ser certo e, paciência, a velha fórmula que nos desculpe. Guardadas as devidas proporções, ignorar que existem novas maneiras de aprender, preencher um quadro-negro e orientar o aluno para a confecção de um caderno em respeito aos mais velhos, ou na exaltação do saudosismo dos "bons tempos", soa tolice tão absurda quanto curar infeções com benzedura, esquecendo-se de que a era dos antibióticos já chegou.

Quando atualmente se fala de um novo enfoque de aprendizagem, exalta-se a construção de sentidos, a valorização do fator emocional na aprendizagem e na potencialização da significação dos conceitos estudados, visando a elaborar estruturas de conhecimento. A assimilação realmente compreensiva, aquela que gera a aprendizagem com significação, como estratégia para se reter melhor o que se aprende, consiste em trazer a ciência para a sala de aula e fazer do professor um especialista em ensinar seu aluno a aprender.

Mas o que é, afinal de contas, essa assimilação compreensiva? Sabemos hoje que o processo de informação tem como eixo funcional a plena compreensão do significado dos conceitos que, por sua vez, permitem elaborar as estruturas do conhecimento – por essa via, aciona-se a memória e potencializam-se novos pensamentos. A preocupação em se ensinar a aprender segundo esses estudos deram origem a uma analogia que poderia ser denominada *redes semânticas,* comparáveis a uma rede de pesca em que os fragmentos das informações comportam-se como fios dessa rede e enlaçam-se a outros, criando estruturas maiores.

Para melhor exemplificar, pare neste instante a leitura deste texto. Traga de sua memória um conceito qualquer, "mãe", por exemplo. Feche os olhos, pense um pouco nessa palavra e sinta que a ela rapidamente outras vão somando-se, "acordando" sua memória. O conceito-chave "mãe" representa o nó; outros conceitos que chegam são outros nós, atados por fios de palavras e frases que os integram. Volte, agora, ao texto.

Um conceito é, assim, um fio que, "amarrado" a outros, como os de uma rede, gera níveis de pensamentos que induzem à compreensão. Nesse sentido, o esquema que mais fielmente traduz a maneira como se aprende é uma *representação gráfica* em que cada conceito, frase ou proposição significa o ponto de partida – ou o nó – que indica as relações do conhecimento que chegam e que se conectam com as idéias ou com os conhecimentos prévios que já se tem. Por essa via, desenvolveram-se os "mapas conceituais", os "mapas mentais", as "redes conceituais", os "mapas semânticos", as "anotações estruturais" e muitos outros modelos. Todas essas técnicas, é importante repetir, apresentam características comuns ao buscar na estrutura do conhecimento a representação hierárquica entre conceitos fundamentais e idéias secundárias. É desnecessário acrescentar que essas estratégias, devidamente adaptadas, são válidas para todos os níveis de escolaridade e para todas as disciplinas ou saberes dos currículos ou temas transversais.

Essa forma de se representar graficamente o abstrato, isto é, o conhecimento, serviu como ponto de partida para uma série de outras representações que hoje nos ensinam que existem maneiras mais racionais de se preencher um quadro-negro e modos bem mais relevantes para se ensinar um aluno a construir, página por página, a estrutura de seu caderno. Construir nesses recursos *esquemas* não significa "bordar" um quadro-negro ou induzir o aluno a fazer cadernos "bonitinhos", mas sim estruturar sistemas de representação que, copiando os modelos que a mente cria para guardar informações, facilitem a interpretação de fatos, a recuperação dessas informações na memória, a organização de pensamentos antigos em novos e o estabelecimento de metas de aprendizagem.

Vale a pena conhecê-los. Afinal, não mais se aprende como se pensava que nossos pais aprendiam.

Uma criança que não aprende

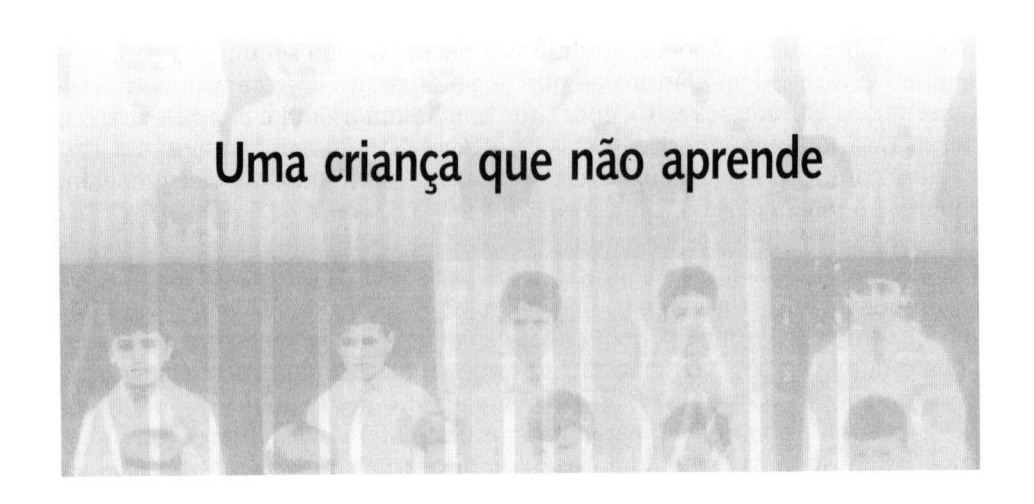

"Preguiçoso, estabanado, desatento, caso perdido...". Quantas palavras ou expressões são usadas com freqüência para designar a criança que não aprende? Quanta auto-estima não é atirada, muitas vezes de forma irreversível, pelo ralo por se acreditar que toda dificuldade de aprendizagem resulta sempre em postura voluntária de indiferença e de apatia?

Infelizmente, as dificuldades de aprendizagem, na maior parte das vezes, ou são tratadas como irresponsabilidade do aluno, o que o torna alvo de agressões, ou como efetivos "distúrbios" ou "déficits" que implicam encaminhamentos a psicólogos, médicos, psicopedagogos para que esses especialistas descubram as causas da dificuldade de aprendizagem. Algumas poucas vezes esse encaminhamento é essencial; em outras, as advertências são válidas, e a criança precisa mesmo de educadores sérios e firmes que, mostrando-lhes os limites, lutem contra sua apatia e mostrem que o caminho da aprendizagem pode não ser rápido e fácil, mas é incontestavelmente imprescindível.

No entanto, em várias outras situações, essas dificuldades são reais, embora não necessariamente centradas nos alunos, cabendo responsabilidade maior aos pais ou até mesmo aos professores.

Muitos pais confundem afeto com permissividade e abrem portas para que seus filhos cresçam sem limites, sem aprender o respeito ao "não", sem a indispensável percepção do espaço do outro. Essa permissividade sem limites, ainda que muitas vezes mascarada com o engodo de "bondade" dos pais, gera problemas pedagógicos difíceis e, o que é pior, responde por jovens contestadores, imaturos, vazios, hipócritas, despreparados para as frustrações, domados pelo hedonismo de viver apenas pelo prazer. Tais atitudes não trarão apenas infelicidade aos pais; os próprios filhos serão infelizes ao perceber que os caminhos oferecidos em seu crescimento não são iguais aos que deverão percorrer pela vida afora. Se esse quadro, é verdade, sempre existiu, cresce com excepcional vigor e seria admiravelmente contido se, desde pequena, a criança fosse educada não só com ternura e afeto, mas também com limites e frustrações inevitáveis, com "nãos" que expressam a pura e simples negação, ainda que abriguem alternativas.

Os professores, por sua vez, também têm expressivo papel nesses "problemas" quando se preocupam apenas "com o conteúdo a ser ensinado", esquecendo-se de que, mais que expositores de um tema, são educadores de conduta, internalizadores de responsabilidades e da superação de desafios.

Não existe disciplina do currículo tão importante que dispense o professor da tarefa de ser um "ensinador" de regras, definidor de limites e verdadeiro companheiro da criança nas dificuldades de seus caminhos, ajudando-a a fazer amigos, selecionar valores, traçar metas, respeitar o outro, aceitar frustrações, compreender opiniões diversas da sua e administrar a própria ansiedade.

Existindo a preocupação institucional em apoiar e, se necessário, até mesmo "ensinar" os pais a conviver com seus filhos e mostrar que toda relação humana é sempre pautada por regras e existindo, sobretudo, apoio a seus professores para que sejam efetivamente educadores, a escola está separando o joio do trigo e encaminhando a especialistas os alunos que realmente precisam da ajuda deles.

Escolas ou mesmo professores com preocupação exclusivamente conteudística, distantes de fundamentos de uma educabilidade moral e emocional, por certo levarão seus alunos a se interrogarem a respeito da insegurança adolescente, tema que a crônica seguinte aborda.

Será que crescer é isso?

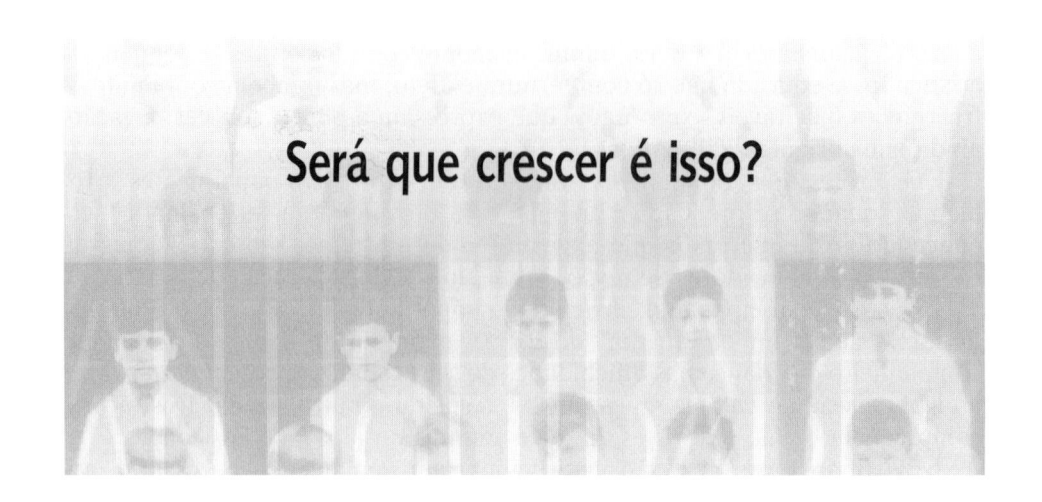

A adolescência, envolvendo o indivíduo como onda colossal, chega de repente, ridicularizando todos os seus sonhos infantis. Em pouco tempo, ficam para trás a paciência infinita da mãe e a tímida ternura do pai. Olhado como adulto, já não mais lhe parecem caber os mimos de afago, as conversas roubadas. Na escola, o ensino médio precipita-se agitado, deixando para bem longe a criatividade livre e válida no ensino fundamental, a curiosidade da descoberta e a poesia dos projetos em grupo, alternando a ousadia da conquista e a forma prosaica de sua apresentação. O jovem descobre-se sentindo vergonha de si, dos colegas, das meninas, do mundo...

Há pouco, existia o que acreditava ser o porto seguro da geografia, da história, da língua portuguesa, entre outras, mas as novas disciplinas parecem comandar de um jeito novo as antigas. Sendo assim, uma ciência autoritária e prepotente impõe-se com rigor, define-se como ameaças. Surgem novos professores, e os antigos amigos parecem diferentes, tratando-o com empáfia, mostrando-se intolerantes com as dúvidas, estimulando a gula terrível do vestibular devorador.

As aulas são agora obrigatórias, as anotações inevitáveis, as provas difíceis e, mesmo que antes não fosse lícito cabular, sempre havia a possibilidade marota da fuga ousada, compensada com estudos e trabalhos em que se aprendia mais e se compreendia melhor. Os saberes dos professores, dos livros didáticos e das apostilas são agora enfadonhos, impessoais, distantes. Descobre-se assustado recruta a dominar novas ordens, digerir novas teorias, assumir novas hipóteses tão diferentes do cenário que ficou para trás e do qual sequer teve tempo de sentir saudade. Se em aula ousava indagar, propor, sugerir, criar, agora se vê cercado de olhares famélicos que lhe cobram austeridade, postura adulta, seriedade.

Como é amarga essa responsabilidade e como, em nome de um vestibular, tudo se reveste de manto assustador, afastando o adolescente da alegria de aprender pelo imperativo de saber. Não pediu a adolescência, mas agora reclama a infância perdida. Por que esse novo mundo chegou assim tão de repente, mudando a velha escola, os bons amigos, o companheirismo do pai e a ternura da mãe? O jovem sente-se como na iminência de se transformar em drogado, e todos os seus indecisos caminhos são pontilhados de pavor: "Olhe o traficante!", "Cuide-se da AIDS!", "Fuja da noite"...

Sua vida adulta é reclamada e exigida por todos, e a postura adulta impõe-se não a seu pedido, mas para esconder o riso ingênuo e gaiato de encantos que não mais são permitidos. A curiosidade antes saudada e a descoberta antes sagrada e cheia de poesia transformaram-se na ciência a ser memorizada; se esta não for dominada, ocorre então a vergonha horrenda e profana.

Na escuridão do quarto, no silêncio da noite, como se querendo fugir desse inevitável e triste amanhã cheio de cobranças, sente ímpetos de colo. Se estes novamente o reconfortassem, por certo se perguntaria: "Será que crescer é isso?".

Um exercício de empatia

A professora entrou em classe anunciando que apresentaria uma idéia polêmica, um tema que, visto por ângulos diferentes, eventualmente poderia abrigar conclusões divergentes. Dividiria a estratégia em quatro etapas: duas naquele dia e outras duas na próxima aula. Na primeira etapa, agiria como uma verdadeira "advogada do sim", isto é, apresentaria com entusiasmo e paixão todos os argumentos favoráveis à idéia polêmica levantada; na segunda etapa, assumiria o papel de "advogada do não", alinhando com igual paixão e entusiasmo argumentos contrários e frontalmente opostos aos primeiros. O papel esperado dos alunos é que, individualmente ou em duplas, refletissem sobre os argumentos apresentados pelos "dois" advogados e buscassem o consenso de uma posição favorável ou contrária. Refletindo sobre suas convicções pessoais, deveriam analisar atentamente os argumentos expostos a fim de assumirem uma posição.

Na aula seguinte, logo após a chamada, a professora iniciou a terceira etapa da estratégia. Em lados opostos da sala, colocou alunos favoráveis a uma das visões, alunos contrários a ela e um terceiro grupo com alunos eventualmente indecisos. Com esse posicionamento iniciou um debate, propondo a palavra a um e a outro, permitindo que refletissem melhor, admitindo a legitimidade se mudassem de idéia. Nesse debate, em alguns momentos, reiterou sua convicção no "sim" e em outros, com igual entusiasmo, sua convicção no "não". Embora não tenha exigido, mostrou interesse em que os indecisos assumissem uma posição, mesmo que com suas convicções abaladas.

Terminada essa etapa, ainda sob o calor das divergências, anotou rapidamente em seu diário de classe quais alunos mostravam-se favoráveis a um dos lados da polêmica. Após esse registro, deu início à última etapa, solicitando a todos os alunos uma pequena redação na qual deveriam analisar e defender a posição oposta a que assumiram. É natural que ocorressem protestos e, até mesmo, que alguns alunos argumentassem a contradição em assumir uma posição e, na redação, defender exatamente a outra. Contudo, a professora sabia o que desejava e, desde o início, previra essas dificuldades. Trabalhá-la era a meta essencial de sua estratégia.

Aulas com essas características são sempre marcantes e levam o aluno a um aprofundamento incomum no tema em debate; além disso, como assume uma participação interativa, a aula desperta seu interesse e, conseqüentemente, sua atenção. Porém interesse, disciplina, atenção e envolvimento positivo são os resultados menores da estratégia. Ainda que altamente positivos, bem mais importantes nesse trabalho dialético são o exercício do pensar, a força do argumentar, o interesse no refletir e a indispensável empatia em se posicionar por escrito no lado oposto ao que defendeu e, assim, olhar os fatos com os olhos do adversário. Os alunos saem de atividades dessa natureza com o conhecimento mais acentuado, com as estratégias de pensamento mais elaboradas, e pelos caminhos da história, da geografia, da matemática, das ciências ou seja qual for a disciplina, aprendem a assumir posições e a respeitar aquelas que sejam contrárias às suas. Em suma, uma aula de civismo, uma educação moral. Parece ser impossível a um professor criterioso, que conhece os temas que trabalha, não "garimpar" entre eles os que podem ajustar-se a uma estimulante e envolvente polêmica que, na identidade dos fatos, desenvolve "ferramentas do pensar". Trataremos dessas e de outras ferramentas na crônica a seguir.

Podemos ensinar a pensar?

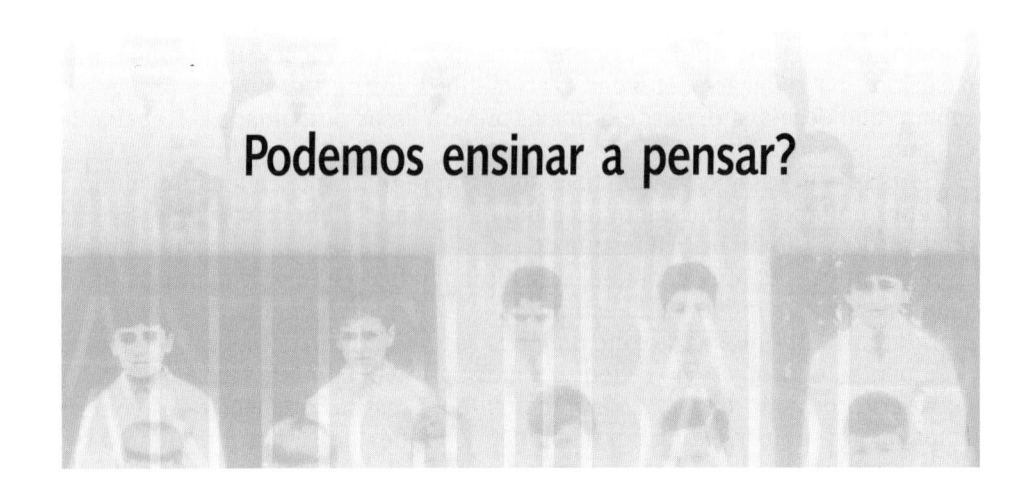

Uma pessoa conhecida, na sua rotina diária, passa ao nosso lado e sussurra sem intencionalidade um desgastado "bom dia". Na maior parte das vezes, nossa resposta é um outro "bom dia", também sem qualquer intencionalidade. Há nessa cena um ato recíproco de troca de palavras, uma saudação; porém, pelo inevitável desgaste da rotina, essas palavras não refletem um pensamento. Não ouvimos esse "bom dia" como quem acolhe uma intenção verdadeira nem o respondemos com sentimentos reflexivos; as palavras são enunciadas praticamente sem prejuízo do que pensávamos no momento de pronunciá-las. Se, ao contrário, somos interpelados por uma outra pessoa, conhecida ou não, que nos solicita um endereço que conhecemos ou o percurso para chegar a esse endereço, somos obrigados a reter o fluxo dos pensamentos e, detidos pela dúvida contida na pergunta, "pensamos" na resposta que iremos oferecer. Nesse prosaico exemplo, procuramos mostrar que existem diálogos que induzem o pensamento, enquanto outros podem existir sem essa ação mental. Este é um primeiro ponto que pretendemos destacar.

Estamos agora diante da pessoa que nos solicita informações sobre um destino pretendido. Sabemos a resposta, mas existe uma dúvida sobre qual caminho sugerir. É provável que iniciemos uma frase e retrocedamos sobre a mesma para depois eunciá-la novamente. Agora sim, sabemos que a informação foi correta e que, se o interlocutor seguir suas diretrizes, certamente chegará ao lugar pretendido. Vamos supor, entretanto, que nos falte a certeza e que a serenidade de uma indicação seja atropelada pelo tormento de uma dúvida. Refletimos sobre o caminho solicitado e, embora tenhamos alguma idéia sobre a resposta correta, desculpamo-nos e indicamos um local em meio ao caminho onde nossa informação poderá ser completada. No primeiro caso, nosso pensamento foi conclusivo e nossa resposta poderá levar o caminhante ao seu destino; no segundo caso, nosso pensamento abrigou a incerteza e, apresentando uma ajuda parcial, exibimos uma reflexão não-conclusiva. Percebe-se, dessa forma, que existem diferentes tipos de pensamento, e essa existência representa o segundo ponto que desejamos destacar.

Se, em um diálogo, desejamos uma *resposta conclusiva*, faremos uma pergunta que provoque esse tipo de pensamento. Por exemplo: "Você sabe que dia é hoje?". Se, ao contrário, pretendemos uma *resposta analítica*, podemos mudar a natureza de nossa pergunta. Por exemplo: "Será que hoje vai chover?". Observe que a resposta provocada pelos pensamentos nos dois exemplos acima revelam diferentes modos de condução das estratégias do pensamento. Na primeira questão, há uma resposta conclusiva (Hoje é sábado), enquanto na segunda pergunta a busca da resposta induz a uma análise, ainda que eventualmente simples (Tem chovido todas as tardes neste verão, logo...). Nesses exemplos, questionamentos diferentes implicaram formas diferentes de pensamento – este é o terceiro ponto que procuramos destacar.

A percepção de que existem diferentes formas de pensamento surge desde que possamos refletir – meta-reflexão – sobre a natureza diferente das questões propostas, nomeando-as. Em outras palavras, se ao primeiro pensamento – conclusivo – não atribuíssemos qualquer nome, certamente teríamos dificuldade para concordar ou discordar dos argumentos apresentados e, portanto, em perceber se um pensamento é conclusivo ou analítico. Caso contrário, aceitando os nomes atribuídos, é possível solicitar outros pensamentos de igual teor. Por exemplo: pense e depois fale sobre uma idéia *conclusiva* e, posteriormente, sobre uma idéia *analítica*. A legitimação do tipo de pensamento, isto é, a reflexão sobre como queremos que se organizem as idéias, atribuindo-lhes um nome, representa um caminho correto para se sugerir diferentes maneiras de pensar. Dispondo de uma lista confiável sobre formas de pensamentos, podemos não apenas praticá-los, mas sobretudo ensiná-los. Chegamos, assim, a dois itens finais. Uma relação confiável sobre tipos de pensamento pode ajudar um professor a exercitá-los em aula através do conteúdo que ministra ou mesmo por meio de temas cotidianos. Portanto, é perfeitamente possível ensinar as pessoas a pensar, praticando-se formas diferenciadas de pensamento. Essa prática, é importante que se frise, envolve atividade mais ou menos análoga a de um professor de pintura. Não deve ser promovida apenas pelo conteúdo transmitido, mas também pelo acompanhamento do discípulo, pela gradatividade de exercícios com idéias mais simples para idéias mais complexas, pela paciência de se resgatar progressos e deles fazer degraus para passos mais ousados.

Consideremos, finalmente, os itens que esta crônica buscou ilustrar:

1. Existem questões que induzem pensamentos.
2. Existem diferentes tipos de pensamentos.
3. Organizando questões que suscitam pensamentos diferentes, estamos provocando-os.
4. Uma relação confiável sobre tipos de pensamento pode ajudar um professor a exercitá-los em aula.

5. É perfeitamente possível ensinar as pessoas a pensar, praticando formas diferenciadas de pensamento.

A essas considerações poderiam ser acrescentadas outras, como as que mostram a imensa importância para a vida do aluno em se desenvolver atividades dessa natureza, a facilidade em seu emprego desde que o professor revele ousadia e interesse, a coerência maior de uma avaliação baseada em diferentes expressões do pensar, uma "nova vida" aos conteúdos curriculares ministrados e a mais ampla *significação* da aprendizagem do aluno se exercícios de práticas sobre como pensar fossem aplicados sistematicamente e incorporados à rotina das aulas. Talvez ainda restasse uma última dúvida: quais tipos de pensamentos o professor poderia tentar desenvolver. Apresentamos uma lista, reconhecendo, porém, suas limitações. Buscamos elaborá-la pensando em alunos dos primeiros ciclos do ensino fundamental, sabendo que, a partir desses modelos, o quadro pode ir ganhando contornos novos e mais amplos. Bem sabemos que essa relação não pode ser aplicada de uma única vez e que os efeitos positivos do exercício requerem um trabalho gradativo, paciente e sem pressa, com exemplos que aos poucos se transferem de experiências pessoais do aluno para os temas dos conteúdos aprendidos. Tal como os músculos, o cérebro necessita de exercícios repetitivos, e o abandono de uma prática conhecida induz à perda da agilidade provocada por seu treino sistemático. Mesmo sabendo andar de bicicleta, o nosso desempenho somente chegará a um desejável "ótimo" com a prática costumeira. Isso equivale a acreditar que não aprendemos a pensar como quem aprende que "Cabral descobriu o Brasil". Uma informação retida pela memória fica lá por muitos anos guardada; uma prática sobre diferentes maneiras do pensar é mais ou menos como o treino ergométrico. A saúde não vem pela memória, mas pela persistência do exercício em níveis progressivamente mais complexos.

Apresentamos a seguir uma proposta para essas questões, acompanhada de alguns exemplos de questões rotineiras, desenvolvidas em inúmeras atividades envolvendo professores, alunos universitários e alunos do ensino fundamental e médio.

Tipos de pensamentos

1. Conclusivos

    Eu gosto de minha casa porque...
    Um domingo na praia é gostoso porque...
    A chuva atrapalha um passeio quando...
    A melhor coisa na televisão é...
    Nada me aborrece mais que...

2. Realistas

   Qual xícara é maior?
   Quantas pernas tem um gato? E uma pessoa?
   Quantos braços tem uma pessoa?
   Qual a cor deste tênis?
   Quantos dedos há nesta mão?

3. Amplos

   Vamos fazer de conta que...
   O que fica acima das nuvens?
   O que existe no fundo do mar?
   Como seria um bicho com pêlos e com penas?
   Se um gato falasse, o que ele deveria dizer?

4. Seqüenciais

   O que vem depois das 10 horas?
   Após o banho, você...
   Quando acaba de lanchar, você...
   Quando já não mais vê TV, você...
   O que vem depois de amanhã?

5. Produtivos

   O que é feito de madeira?
   O que é feito de cimento?
   O que podemos fazer com a água?
   Para que servem as árvores?
   Para que são feitos os barcos?

6. Analíticos

   Por que você não pode comer uma nuvem?
   O que existe nesta mesa?
   De que é feito um livro?
   O que é mais alto que uma casa?
   O que é menor que um relógio?

7. Comparativos

   Um prédio é alto. O que é baixo?
   O cachorro late. E o gato?
   A chuva molha. E o sol?
   O que existe de diferente entre um cavalo e um elefante?
   O que existe de igual?

8. Sintéticos

   Fale com menos palavras:
   "O gato do Ricardo é preto e dorme em cima do muro, mas seu cachorro late bastante quando vê coisas estranhas".

9. Estratégicos

   Qual a melhor entre muitas idéias?

Pensar significa realizar múltiplos processos mentais que colocam em ação orquestrada idéias, conceitos, sentimentos, fatos e situações. Partindo desse pressuposto, o mergulho consciente no exercício pode representar a esperança de um mundo melhor. À qualidade do viver acrescenta-se, pouco a pouco, a qualidade do pensar.

Ensinar a pensar pode representar um momento novo na perspectiva do trabalho em sala de aula, assim como na concepção e no papel do professor para a escola que se quer construir. Por essa razão, a próxima crônica aprofunda as reflexões sobre a imprescindibilidade dessa profissão.

Não é possível saber como será o amanhã, mas será como o professor o fizer

Cena 1

Todos os professores da pequena e isolada comunidade estão reunidos no espaço daquela sala. Todos vêem em seu líder o símbolo de um ideal que precisa ser colocado em prática e transformado em ação. Ouvem com a firme convicção de que o que lhes é proposto representa uma missão a cumprir, um objetivo a perseguir com entusiasmo, dedicação e sem qualquer contestação. Esse líder suplica:

> "É essencial que possamos reimplantar a escravidão. Nossa economia depaupera-se, e os desafios que são impostos pela produtividade não podem dispensar o uso da mão-de-obra escrava. Nesta comunidade, existem excluídos e necessitamos deles para nossa grandeza e força. Ao lado da escravidão, é essencial que possamos implantar novos conceitos de diferenciação, teorias que mostrem a superioridade racial e o domínio desta sobre as outras. Façamos de nossas aulas, de nossos currículos e, sobretudo, de nossos exemplos a exortação da escravidão e a ênfase à diferenciação étnica e social. O mundo será sempre de vencidos e vencedores; sejamos os segundos."

Cena 2

Todos os professores da pequena e isolada comunidade estão reunidos no espaço daquela sala. Todos vêem em seu líder o símbolo de um ideal que precisa ser colocado em prática e transformado em ação. Ouvem com a firme convicção de que o que lhes é proposto representa uma missão a cumprir, um objetivo a perseguir com entusiasmo, dedicação e sem qualquer contestação. Esse líder suplica:

"É essencial que nos voltemos contra a violência e que saibamos mostrar a existência de alternativas para a paz, para a solidariedade, para a certeza de que os seres humanos são iguais e gozam de iguais direitos. Se desejarmos, podemos suplantar a guerra, vencer o ódio, eliminar diferenças, construir a solidariedade e salvar o ambiente. Não existe base alguma em se sobrepor a desarmonia ao amor, a desigualdade entre irmãos à necessidade e à valorização da solidariedade. Nem todos somos ricos, mas todos podemos buscar uma mesma felicidade. São irrelevantes as alternativas dos muitos caminhos se existe a identidade de igual procura. Façamos de nossas aulas, de nossos currículos e, sobretudo, de nossos exemplos a exortação da solidariedade e a ênfase à igualdade de direitos.

Imaginemos agora que os dois discursos tenham ocorrido em espaços distintos, que os seguidores tenham procurado cumprir com empenho e devoção as práticas sugeridas. Passaram-se 10 anos. As duas comunidades serão iguais? Pensará da mesma forma quem teve este ou aquele professor?

Não parecem necessárias amplas divagações sobre essa hipótese absurda. É evidente que nossos valores são construídos não somente por nossos professores e a essa poderosa influência, por certo, haverão de se somar outras, ocasionadas pelos pais, pelas leituras, pela televisão e pelos amigos. Porém, como o direito à idéia é livre, imaginemos que os pais externassem sentimentos análogos aos dos professores, posto que estavam submetidos à mesma liderança, que as leituras possíveis expressassem iguais valores e que os amigos fossem oriundos da mesma escola, sofrendo, portanto, de igual influência. As duas comunidades seriam iguais?

Não sabemos como poderá ser o mundo de amanhã. Sabemos apenas que será como os professores o construírem. A crônica seguinte continua a refletir sobre essa certeza.

"Os lagos são formados pelas bacias esferográficas"

Os jornais publicaram com estardalhaço as "pérolas" do ENEM. Erros gramaticais absurdos e frases sem qualquer sentido representaram uma diversão para os leitores. "Hoje endia a natureza não é mais aquela", "Precisamos agir de maneira inesperável" e outras preciosidades foram alardeadas com destaque e transformaram-se em anedotas por algum tempo. Simultaneamente, suscitaram críticas ao sistema educacional brasileiro, reclamações generalizadas contra o despreparo dos professores, desculpas por parte do ministro da educação e uma sensação de que o ensino no país é uma lástima, de que nossos alunos não sabem pensar, não se expressam com clareza e, por isso, jamais seremos um país que pode orgulhar-se dos professores que forma e do ensino que oferece.

Não pretendemos aqui, refutar as falhas do sistema educacional, ou fazer de conta que todas as respostas apresentadas nas provas do ENEM refletem agudo raciocínio e profusa intelectualidade. O que pretendemos é avaliar os resultados percebidos, sem partidarismo ou paixão, preocupando-nos com tudo o que deve ser corrigido, mas também realçando aspectos nem sempre visíveis a essas críticas.

Em primeiro lugar, cabe enfatizar que, em qualquer lugar do mundo onde se examine uma multidão de 400 mil pessoas, haverá respostas absurdas, "pérolas" inimagináveis. Não se pode destacar perversamente apenas os erros que se comete, sem se buscar compreender também os acertos.

Será que essas "pérolas" não servem também para realçar o extraordinário crescimento do ensino médio no país? Será que uma expansão nas matrículas em mais de 70% em relação há alguns anos não pode justificar a existência de alunos despreparados? Será que a responsabilidade por um atraso cultural também não está ligada aos programas que a televisão apresenta e às matérias que a imprensa escrita valoriza? Será que a expansão de empregos que priorizam uma mão-de-obra barata valoriza o saber? Será que um país que elege certos ídolos e programas do tipo "reality show" como interessantes, está realmente preocupado com erros gramaticais e frases desconexas? Será, enfim, que os erros do ENEM prestam-se apenas como anedota e crítica, ou podem servir como advertência e alerta?

Curiosamente, os mesmos jornais que enfatizam o despreparo anedótico de nossos alunos do ensino médio mostram que a epidemia de dengue que nos assalta e assusta mobiliza prefeitos e governadores, integra o exército ao povo, salta barreiras de antagonismos políticos e busca ajuda em toda a imprensa para vencer esse mal. Não seria o caso de se solicitar a mesma mobilização para combater o mal do baixo nível da escolaridade nacional? Com bom senso, não se generaliza a epidemia nem se culpa apenas o Ministério da Saúde: de igual modo, não seria mais prudente deixar de atribuir as falhas do ENEM exclusivamente ao ensino e fazer delas menos a graça da anedota e mais a certeza de um diagnóstico que exige mobilização? Não seria útil e interessante uma campanha nacional, alardeada pelos jornais, pelo rádio e pela televisão que estimulasse a compreensão na leitura? O Ministério da Educação não poderia distribuir fascículos aos professores de todas as disciplinas mostrando os passos para se explorar a efetiva interpretação e compreensão de um texto? Seriam absurdas campanhas em nível nacional substituindo a compreensão parcial pela compreensão integral? Contra a leitura imaginativa e a favor da leitura efetivamente compreensiva?

A rigor, não deve existir diferença entre o erro na educação e o erro na saúde. Ambos necessitam ser encarados como diagnóstico de uma situação que envolve a todos na busca de remédios. Se a constatação da doença não provoca risos e envolve providências, também a falha na aprendizagem significa alerta em busca de alternativas.

Quando o povo mobiliza-se e de sua vontade faz surgir soluções, nada impede que os exemplos deste país ganhem notoriedade mundial. É hora de se avaliar os resultados do ENEM, aplaudir suas incontestáveis conquistas e lançar mão de uma mobilização nacional pela valorização do magistério, pelo resgate da educação e pela definitiva salvação nacional.

Projetos: casos Rodolfo e Rodrigo

Rodolfo e Rodrigo têm aproximadamente a mesma idade e estudaram na mesma escola. Os pais, de classe média baixa, com renúncia e sacrifício, custearam a escola particular onde agora concluem o ensino médio.

Rodolfo almeja mudar-se para o interior. Como os pais possuem uma casinha que ali fica quase abandonada, é para lá que deseja ir. Acredita que, se montar um pequeno bar, poderá viver sem grandes ambições, mas também sem angústias e sem problemas. Detesta desafios e não se acostuma com a eterna reclamação da mãe, cobrando-lhe um exame vestibular, um curso superior. Nada disso o encanta, antes o aborrece, e a fuga para o interior representa a solução para a paz que busca. Sabe que, com algumas peças de roupa e algum dinheiro para comer, poderá dispor de uma vida pacata, a salvo de críticas ou inquietações. Rodolfo não faz projetos para o agora, não os teve no passado e odeia a perspectiva de programá-los para o futuro. A vida será como tiver de ser.

Rodrigo é ambicioso, sonhador, aventureiro. Quer ser médico, sabe que o desafio do vestibular é imenso, que a carreira é trabalhosa, mas empolga-o a perspectiva de ajudar, cooperar, salvar. Arranjou um emprego pela manhã para, ajudado pelo pai, custear o cursinho. Dorme poucas horas, diverte-se pouco, porque há muito o que aprender e estudar. Não idealiza fazer fortuna, nem pensa em consultório de elite; sonha misturar-se aos outros e fazer de sua profissão uma forma de devolver ao mundo a riqueza dos sonhos que povoam sua mente. Idealizou um projeto de vida que continua seu projeto de adolescente. Talvez precise corrigir a rota, mas não duvida que chegará até a meta. Sua vida será modelada por suas idéias e saberá circunscrever seus sonhos à efetiva possibilidade de concretizá-los.

Uma rápida leitura dos casos relatados parece enfatizar um Rodolfo amorfo, apático, sonolento, insosso e, ao contrário, um Rodrigo que é pura vibração, autêntica coragem e contagiante entusiasmo. Mas seriam Rodolfo e

Rodrigo realmente muito diferentes? Afinal, o que em essência os separa não é somente a ausência de projetos em um e a constelação de projetos em outro?

É só isso, mas isso é tudo! Um projeto de vida distancia a coragem da abulia; um projeto comercial separa a empresa que busca da que espera; um projeto industrial define quem sabe para onde quer ir de quem vai por onde as circunstâncias o levam. Não existe boa edificação sem projeto coerente e não pode existir boa escola sem um projeto pedagógico consistente. Existe, porém, uma extraordinária diferença entre o projeto arquitetônico e o projeto pedagógico.

O primeiro conclui-se quando o edifício fica pronto; o segundo renova-se a cada ano, a cada momento. O primeiro pode até abrigar moradores que não tenham definido claramente seus projetos de vida; a escola necessita descobrir em cada professor um construtor de projetos que, com orgulho, fale dos seus a todos, em todo lugar, e que deles faça modelos com os quais os seus alunos também aprendam a fazer projetos. Fale dos projetos que você desenvolve, conte quais pensa desenvolver. Fale dos projetos de sua escola e qual, entre os de seus colegas, acredita ser o mais fascinante. Fale de seus propósitos, de seus planos, de suas intenções. Da palavra "projeto" origina-se "projétil", a bala que busca com vitalidade a direção à frente.

A verdadeira dimensão de uma escola é a dimensão dos projetos que ousa implantar.

A importância de estudar a mente humana

Francisco acaba de ganhar de seu avô a sonhada bicicleta. Ávido e ansioso, atira-se a ela na fantástica vontade de domá-la, mas ainda não aprendeu como fazê-lo. Sua mãe, apreensiva, corre em sua ajuda. Preocupada com a possibilidade – que lhe parece inevitável – de joelhos esfolados, agarra-se ao seu selim e, por muitos minutos, é arrastada pelo entusiasmo do filho.

As transformações da aprendizagem aceleram-se. Os pés, antes indecisos, no escorregar pelos pedais vão ganhando maior desenvoltura e agora parecem fundir-se com o metal em um movimento rítmico. As mãos da mãe, aos poucos, vão soltando o selim e depois de algum tempo, indecisa e assustada, arrisca-se a soltá-lo de uma só vez. Francisco, percebendo-se autônomo no domínio da máquina, exulta de alegria e, em plena comoção do entusiasmo, sorri e grita "aprendi". Daí para frente, será o eterno senhor desse domínio, nada poderá roubar-lhe o sabor infinito dessa conquista. Caso fique anos sem usá-lo, no dia em que quiser fazê-lo, a bicicleta se deixará domar por seu senhor. Carregará essa aprendizagem pela vida afora e nada o fará esquecê-la.

O que ocorreu em sua mente no instante supremo da aprendizagem? Que conexões se formaram, que redes neurais interagiram, que sistemas se comunicaram? Será que essa mente, projetada em um computador, antes e depois da expressão "aprendi", seria absolutamente a mesma? Que mudanças aconteceram? Será possível propiciá-las em uma sala de aula? Usá-las para ensinar conceitos de matemática ou exercícios lingüísticos? Qual parte do cérebro "se abriu" no instante da aprendizagem? Onde "residem" esses neurônios mágicos? Como ativar a constelação infinita dessas sinapses?

Ainda não temos todas as respostas para tais indagações, mas sua procura não se perde na indevassável lentidão do futuro distante. A cada dia, neste exato instante, por exemplo, em inúmeros lugares de toda parte, cientistas debruçam-se sobre os segredos da mente humana, visando a devassá-los. A todo momento, novas drogas para disfunções cerebrais são anunciadas, não havendo mais possibilidade de deter o notável avanço das ciências cognitivas na busca dos segredos do cérebro. Em relativamente poucos anos, será possível saber a respeito desse órgão o que, por exemplo, hoje já se sabe sobre o estômago ou sobre o fígado. Essas questões revolucionarão a educação e darão uma nova dimensão ao papel do educador. Sairão de cena os "transmissores de informações", substituídos pela tecnologia digital e por meios como a internet e a intranet, e surgirão em seu lugar os especialistas em aprendizagem, estimuladores de inteligências, "personal trainning" da mente.

Mas, enquanto esse instante não chega, como suportar a transição? A solução é ficarmos passivos em seu aguardo, tal como soldados na expectativa do clarim que anuncia o "avançar"?

Evidentemente, a resposta é negativa. Como já reiteramos em outras oportunidades, o professor sempre aprendeu a descobrir em seus passos o melhor jeito de caminhar. Agora não é diferente. Importa, isto sim, reunir o que já se sabe, agrupar tudo o que se descobriu sobre a mente e, aos poucos, fazer dessa conquista um novo modelo de sala de aula, atribuir uma nova função ao papel de ensinar.

Imagine um professor ou uma professora em uma sala de aula de qualquer lugar do Brasil. Examine com cuidado suas palavras, seu trabalho, sua ação. Repare que a finalidade essencial do ato pedagógico é, em sua essência, ensinar e buscar que o aluno aprenda. No entanto, para que essa finalidade se concretize, a ação do professor dirige-se à *atenção* do aluno, instiga sua *memória* e explora seu poder de *aprendizagem*, desenvolvendo suas múltiplas *inteligências*.

Repare que, na "anatomia" do ato escolar, existe o empenho e o envolvimento da mente do aluno. Nenhuma dúvida resiste ao fato de sabermos que, quando se trabalha atenção, memória, aprendizagem e inteligência, é a mente que se está trabalhando e, dessa forma, conhecê-la melhor significa investigar os passos para fazê-la trabalhar melhor. Por acaso, quem sabe como funciona seu sistema digestivo não tem meios mais seguros para se alimentar melhor?

A crônica seguinte, inspirada nos novos estudos sobre a mente humana, analisa maneiras de se trabalhar a criatividade em sala de aula.

O momento criativo e a aprendizagem

Estudos sobre a criatividade desenvolvidos por Gardner (1997), Fontana (1991) e Csikszentmihalyi (1999) sugerem que um ato criativo envolve diferentes estágios, e pensamos ser perfeitamente possível compará-los a uma atividade extracurricular. Parece-nos difícil em uma aula na qual se pretende apresentar conteúdos novos ou revisá-los, contextualizando às emoções e ao entorno do aluno, desenvolver as etapas que caracterizam o ato criativo. Acreditamos que é bem mais produtivo convidar os alunos para uma "experiência em criatividade" e promovê-la aos que se interessarem por meio de uma atividade não-curricular usual.

Esses estágios seriam os seguintes:

- **Preparação**

A preparação está relacionada ao reconhecimento de que um determinado problema é digno de um estudo e de uma solução criativa, ou de que um determinado tema ou produto é adequado para uma nova construção. É essencial que essa fase seja antecedida de todas as informações disponíveis e dos dados relevantes sobre a matéria que se busca criar. É importante evitar censuras, críticas ou frustrações, e o professor deve abster-se de manifestar sua maneira pessoal de encarar os fatos para ajudar o processo criativo, mostrar caminhos para a ação e jamais impor a ela críticas antecipadas. Em síntese, *é essencial que se saiba o que criar*.

- **Incubação**

Esta é uma fase delicada, durante a qual o problema ou tema passa a ser considerado no nível inconsciente. Nessa oportunidade, as idéias devem ser "cozinhadas em fogo brando", divagando-se e "digerindo-se" tudo o que já se reuniu. O professor não deve intervir muito nessa fase, e sim *libertar o aluno de mecanismos conscientes de autocrítica e de autocensura*. A incubação é importante porque os "subterrâneos" da mente ou *onisciência** guardam infinitas coleções de dados, fatos, referências e pensamentos que são inconscientemente freados pelo racional e, através dessa fase, vai-se a esses subterrâneos buscar elementos que auxiliam o ato criador.

- **Devaneio**

Esta é uma fase de curta duração, mas também extremamente significativa. Representa a *tentativa de se fugir do assunto*, esquecê-lo por alguns instantes, deixá-lo propositadamente de lado para resgatá-lo com maior vigor. Pode ser um período curto em que se ouve uma música, se conta uma piada ou até mesmo se faz um pequeno passeio. Mentalmente, representa o que em um salto em altura equivaleria a dar uns passos atrás para se ganhar maior impulso.

- **Inspiração ou iluminação**

Se a fase anterior corresponde à metáfora de dar uns passos atrás para realizar o salto, essa etapa representa o próprio salto. É o instante em que as idéias novas já definiram o contorno do produto criado. Executá-las é outra história. Essa etapa é involuntária, e o professor nada pode fazer senão esperar que ocorra – quando isso acontece, a sensação é de que "a idéia surgiu do nada". Revelada a idéia, chega o momento da etapa final e, nesse caso, é importante que o professor esteja atento para que a mente não se volte ao devaneio.

- **Ação**

É um instante muito especial, mas nem todos os alunos mostram-se apaixonados por ele, pois a mente criativa liberta o fluxo da idéia para que as mãos ou o corpo a executem. É o momento em que a idéia *necessita ser traduzida em realidade*, e muitos inventores não o cumprem. O próprio Thomas Edison, quando afir-

---

*N. de T. Aldous Huxley (2000), em interessantes ensaios sobre a mente humana, apóia os estudos de Bergson e Broad, descrevendo que a função do cérebro e do sistema nervoso é, principalmente, eliminativa e não-produtiva. Assim, cada um de nós é capaz de se lembrar, a qualquer momento, de tudo o que já ocorreu consigo, bem como de se aperceber de tudo o que está acontecendo em qualquer ponto do universo. Porém, como essa consciência nos levaria à loucura ou à paranóia, a função do cérebro e do sistema nervoso é proteger-nos, impedindo que sejamos esmagados e confundidos por essa imensa massa de conhecimentos, na sua maioria, inúteis e sem importância para a sobrevivência. De acordo com essa teoria, cada um de nós possui, em potencial, a *onisciência*, mas, considerando que o que mais nos preocupa é viver, a torrente da onisciência tem de passar pelo estrangulamento de uma verdadeira "válvula" redutora imposta pelo cérebro. Em face dessas idéias é que se acredita na existência de um verdadeiro "subterrâneo" da mente onde é possível, por alguns instantes, buscar informações relevantes para as idéias criativas que se elabora.

mava que "inventar é 1% de inspiração e 99% de transpiração", estava comparando os anseios da mente na passagem das fases da iluminação para a ação.

Talvez a maior dificuldade em conciliar essas fases com um trabalho docente deva-se ao fato de que a mente humana, sobretudo o hemisfério direito, não gosta de formalidades, gerando essas fases de uma maneira não-sistemática, enquanto o trabalho em sala de aula é necessariamente bastante formal. Trata-se, em última análise, de se definir regras e marcar momentos para um ato avesso a regras e a etapas. Consola-nos a certeza de que, sem essa formalização, a criatividade torna-se indisciplinada e, na maior parte das vezes, perdem-se seus frutos. Da criatividade caminha-se, na crônica seguinte, para uma discussão sobre algumas competências.

Aprendizagem e competências

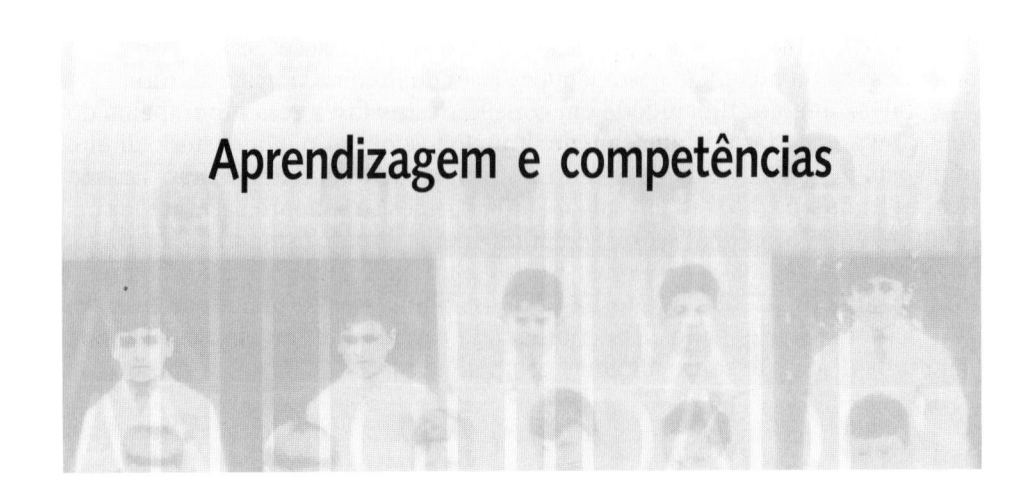

Pense no seguinte recado:

"Na próxima sexta-feira, às 17 horas, o cometa Halley estará passando por esta área. Trata-se de um evento que ocorre a cada 78 anos. Assim, por favor, reúna os funcionários no pátio da fábrica, todos usando capacete de segurança, quando um especialista convidado pelo presidente da empresa explicará o fenômeno. Se chover, está cancelada a exposição."

Esse caso, transformado em uma anedota que circula pela internet, foi sendo passado verbalmente de um para outro funcionário e chegou ao destinatário final da seguinte maneira:

"Nesta sexta-feira, o presidente da empresa fará 78 anos e dará uma festa às 17 horas no pátio da fábrica. Haverá um show com Bill Halley e seus Cometas e todo mundo deverá comparecer de capacete, pois poderá chover."

Será *apenas* uma anedota? Podemos imaginar que tal confusão é dialeticamente impossível e, por esse motivo, não constitui situação escolar nem pode transformar-se em sarcasmo?

Todos os professores que lecionam no ensino fundamental ou médio – e, inclusive, os professores universitários – estão acostumados a colher verdadeiras "pérolas" produzidas pela interpretação incorreta do aluno, devido à imensa dificuldade de realizar uma leitura efetivamente produtiva. Se respostas absurdas já faziam parte da rotina docente, tornaram-se muito mais comuns nestes tempos de tecnologia digital e comunicação televisiva, em que mais se ouve que se lê e, como conseqüência, a absorção da notícia é feita com um emprego menor da capacidade de concentração. Constitui circunstância, cada vez mais freqüente em todo o sistema de ensino que se pratica no país, a imensa dificuldade de interpretação de textos, a comunicação lacônica, a pobreza vocabular. Devemos nos conformar com essa contingência, ou existe alguma alternativa para mudá-la?

Nesta crônica, apresentaremos uma dessas alternativas a partir de uma pesquisa realizada recentemente com dois grupos de 30 a 35 alunos com média de idade de 14 anos, matriculados na 8ª série de uma escola particular, mas cujos resultados acreditamos válidos para outras faixas etárias, desde que os procedimentos sugeridos sejam devidamente adaptados.

Nesse experimento, para o primeiro grupo, a professora sugeriu a leitura de um texto, com cerca de duas mil palavras, submetendo posteriormente os alunos a uma avaliação sobre a interpretação dada ao mesmo. As respostas, embora não caracterizassem a comicidade do caso exposto ao alto, revelaram baixo índice de compreensão e absurdos extremamente expressivos. Para outro grupo de alunos, na mesma faixa etária e provavelmente com nível de escolaridade bastante semelhante, explicou e exercitou o significado dos verbos *expressar* e *argumentar*, usando notícias de jornal e fatos verificados no pátio da própria escola.

Os alunos eram convidados a interpretar as notícias e os fatos, expressando-os em seu sentido real. Nada devia ser extraído ou acrescentado, ainda que diferentes formas de expressão pudessem ser utilizadas. Ao se identificar uma progressão no domínio dessa capacidade, a professora explicou o que significa argumentar e, dividindo os alunos em quartetos, desenvolveu a prática de diferentes e progressivos exercícios de argumentação, mostrando como a lógica e a retórica poderiam atuar como "ferramentas" dessa competência. Tais atividades ocuparam de quatro a cinco aulas e, somente após a conquista de progressos consideráveis, a professora submeteu os alunos à interpretação do mesmo texto explorado com o grupo anterior. Não é possível afirmar que o resultado tenha sido "surpreendente", posto que não será lícito esperar por "surpresa" após esse cuidado na exploração das competências. Melhor seria afirmar que os resultados colhidos foram "normais" e que, portanto, os alunos do segundo grupo apresentaram incontestável progresso e, embora não tenha dominado integralmente a capacidade de *expressão* e *argumentação*, fomentando seu poder de *compreensão,* situaram-se em nível superior que o de seus colegas. Esse experimento, ao qual não se pretende dar valor científico, mas apenas caracterizar uma amostragem, suscita algumas reflexões.

A primeira é que a professora "perdeu mais tempo" com o segundo grupo que com o primeiro, ou seja, o progresso conquistado situa-se muito mais no investimento temporal que na acuidade da compreensão. Essa afirmação é extremamente frágil, pois é evidente que as aulas utilizadas como exercício não valeram "apenas" para o texto interpretado, mas também representavam conquistas do aluno, talvez pela vida inteira. É verdade que "gastou" de quatro a cinco aulas a mais, porém esse tempo se diluirá pelo ano letivo e por outros nos quais a compreensão passará a se incorporar a um domínio do aprendiz.

A segunda reflexão diz respeito à "durabilidade" da conquista. Os alunos, é verdade, foram submetidos a uma avaliação da interpretação do texto logo após os exercícios com as competências sobre expressão e argumentação. Será que, caso essa avaliação viesse a ocorrer dois ou três meses após os exercícios, a conquista se manteria? É difícil afirmar que sim, se não ocorresse seu emprego prático em outros textos, em outras disciplinas, em outras provas e em todos os momentos da vida do aluno. As competências cognitivas, tal como as conquistas aeróbias, mantêm-se "vivas" se praticadas com insistência, solicitadas com assiduidade. Entretanto, é importante destacar que o exercício dessas competências não pode surgir como um parêntese aberto nas atividades docentes, mas sim como produto e rotina da prática cotidiana de todo professor. Haverá, por acaso, tema ou texto que ignore a compreensão? Podemos imaginar algum conteúdo da química ou da física, da matemática ou da geografia que dispense a expressão e a argumentação do aluno sobre esses temas?

Parece óbvia a conclusão de que não se está sugerindo "professores de competências" que atuarão ao lado de seus colegas "professores especialistas em disciplinas", mas que todo professor, independentemente de sua especialização em determinada disciplina, saiba exercitar e explorar as competências cognitivas – expressão e argumentação são duas entre muitas outras – nos conteúdos que ministra, nas avaliações que processa e até mesmo na conversa informal que mantém com seus alunos. A abordagem desse tema será aprofundada na próxima crônica.

Uma competência para transformar informação em conhecimento

Tenho em minhas mãos uma folha de goiabeira. Desprendida do pé, talvez pelo vento, representa apenas um fragmento, um pedaço. Ainda está viva, mas não tem vida e, desvinculada de seu ramo, será em breve folha morta. Não tem qualquer função e, por mais intenso que seja o afeto que meus sentimentos queiram atribuir-lhe, será para todo sempre algo inerte, que não sintetiza a clorofila que, assim separada, em nada ajudará a árvore na qual brotou. Estivesse essa folha no pé, sua essência seria completamente diferente e não seria difícil perceber as razões e as funções que a justificariam. Na árvore, a folha da goiabeira contextualiza-se no elemento botânico do qual faz parte, sua função justifica-se e ela é apenas conceitualmente "indivíduo", pois na realidade seu comportamento é de "pessoa". A palavra "indivíduo" vem de uma outra de origem latina e significa "que não se divide", ao passo que a palavra "pessoa" deriva de *persona*, caracterizando a máscara, isto é, o papel representado em uma peça. Um indivíduo pode isolar-se; uma pessoa, ao contrário, inclui outros que a envolvem na representação desse papel. A folha de goiabeira separada é parte, átomo, pedaço e não possui papel; já integrante da árvore, compõe a vida, e sua idéia define uma certa forma de "socialização" ou até mesmo de "cidadania".

Ao dar uma aula, posso falar do "clima da Região Sudeste" ou, ainda, da "Guerra dos Farrapos". Em outras disciplinas, descreveria o "rim" ou o "fígado", explicaria uma "equação" ou mostraria os caminhos para elaborar a "análise sintática", e todos esses temas poderiam ser tratados como "indivíduos", algo como folha desprendida, conhecimento solto em seu contexto. O trabalho com temas também permite que estes sejam descritos, mas deveriam ser trabalhados como "pessoa", mostrando seus aspectos integralmente vinculados ao contexto de onde foram extraídos. O "clima do Sudeste", a "análise sintática", uma "equação" ou um "fato histórico", explicados sem vínculos, expostos sem raiz, descritos sem essência, podem ser memorizados e, tempos depois, repetidos pelo aluno, porém será sempre um aprender vazio e um esforço de memória, pois, arrancado de seu todo, perdeu a essência e transformou-se em informação vazia que jamais ajudará quem quer que seja, salvo para respostas em provas tão vazias quanto a informação.

Trata-se da competência da *contextualização*. Qualquer tema transmitido, em aula ou em uma conversa, pode ser comparado a uma folha arrancada, descontextualizada de sua árvore, ou a uma folha em seu ambiente, que nos conduz ao tronco e à copa, ao galho e à raiz, à árvore e à floresta. No primeiro caso, não houve qualquer esforço de contextualização; no segundo, não se chegou ao indivíduo sem a preocupação com a pessoa. Assim, o tema contextualizou-se em outros temas, não se isolou e mostrou o que existiu antes e, por sua ação, o que significa o depois.

O tempo que um professor dedica para analisar um tema fora de qualquer contexto ou enraizado à sua essência é, evidentemente, o mesmo. É também igual o esforço que realiza para agir de uma forma ou de outra, não sendo por certo diferente a maneira como o registrará em seu diário de classe. Portanto, tratar o que se ministra como folha solta ou como peça de um enredo é apenas uma questão de querer ou, melhor dizendo, significa simplesmente transmitir a informação ou transformá-la em conhecimento efetivo. Trabalhar habilidades e competências, afirmam alguns professores, somente tem sentido em uma perspectiva avaliativa, segundo a qual se torna possível aferir progressos. Não se estaria banindo tal perspectiva com a progressão continuada? É o que veremos na crônica a seguir.

O sim e o não da progressão continuada

Faz alguns dias que Mariana transferiu-se de uma escola particular para uma escola estadual. O desemprego do pai e o salário apertado da mãe impuseram essa transferência a contragosto seu e deles. Ainda assim, buscou adaptar-se e, ao seu jeito, acredita ter conseguido.

O que pensam os professores a respeito de Mariana? Alguns acreditam ser uma garota descontraída, inteligente, criativa e, se estuda pouco, é porque sabe compreender e estabelecer significações melhor que seus colegas. Outros a consideram "mimada", arrogante, presunçosa e preguiçosa.

Como é, realmente, Mariana? Sem exageros de uma parte ou de outra, é uma garota comum, que vive o drama de uma adaptação imposta, que busca integrar-se sem abandonar os elementos que a caracterizam e a fazem ser o que é. Na verdade, poucas pessoas verão Mariana em sua autêntica dimensão, pois constitui prática rotineira em nossa cultura mais julgar que arbitrar e, ainda que inconscientemente, praticar o pré-conceito de lançar as pessoas aos extremos. Representa elemento marcante de nossa cultura, salvo exceções, o branco ou o preto, não passando pelo cinza intermediário que não eleva aos céus, mas que também não atira ao inferno.

O que essas reflexões generalistas têm a ver com a questão atualmente tão discutida da progressão continuada? Esta, ao rejeitar a tradicional divisão da fase escolar em anos de aprendizagem, alterna ciclos sem a possibilidade de retenção do aluno, com a transposição de um ciclo para outro.

Acreditamos que, assim como no caso hipotético de Mariana, essa concepção de divisão escolar, à qual subjaz uma forma diferenciada de avaliação do rendimento do aluno, também costuma ser vista do ângulo minimalista, segundo o qual se exalta e aplaude sua qualidade, ou se agride e vaia sua iniquidade. Pensamos que tal assunto, pela importância que reflete na vida da família e da escola, mereceria uma análise mais ampla e ponderações que, examinando aspectos positivos e negativos do sistema, permitissem um julgamento, se não imparcial, ao menos um pouco mais fundamentado.

Quanto aos aspectos positivos, a progressão continuada não constitui invenção brasileira, sendo praticada em várias partes do mundo e com tal sucesso que ninguém mais ousa reclamar a volta do sistema antigo, como os usuários do computador já não mais clamam por suas máquinas de escrever. Além disso, esse sistema atinge em cheio o poder de determinados professores que sempre usaram a nota como instrumento de pavor e coação; se obtinham obediência, não conquistavam o respeito e a admiração de seus alunos. Ao esmagar a ideologia da ameaça à reprovação, a progressão continuada leva os professores a transformarem a tortura das notas em sedução da aula, propondo novas estratégias de conciliação entre o que se ensina e o que se aprende. Elimina-se o "detentor do saber" e considera-se o aluno um autêntico parceiro no processo de construção de conhecimentos. Além disso, ao reduzir drasticamente o processo de retenção escolar, abre mais vagas e torna possível o acesso à escola para um número maior de alunos. Todos esses argumentos validam o sistema de progressão continuada.

Em contrapartida, na opinião de muitos, impõe uma mordaça ao professor, transformando-o em burocrata a serviço de uma "empulhação". Sem o desafio da nota e com severos limites à retenção, os alunos não estudam, os professores não ensinam; involuntariamente, fazem da escola um teatro de fingimentos. Fingimos que alfabetizamos, fingimos que ensinamos e lançamos à vida jovens que carregam um diploma, porém não têm competência para fazer dele um instrumento de verdadeira ascensão. Além disso, o sistema está impondo perversos custos sociais: se a escola não ensina, a empresa terá de ensinar e a sociedade terá de agüentar. Impondo ao professor a exaltação de estatísticas quantitativas, a progressão continuada leva-o a "nivelar por baixo" e a renunciar ao interesse pelos estudos, pela atualização, e à luta por uma maior dignidade de sua profissão, ao mesmo tempo que aprisiona como "medíocres" alunos que poderiam ser excelentes.

Como se percebe, os pratos da balança mostram-se em equilíbrio, sendo possível compreender tanto os que preferem a manutenção do sistema quanto os que se insurgem contra ele. Vamos contrapor as críticas aos argumentos positivos e negativos, na brincadeira dialética de tentar fazer da paixão a busca da razão.

Refutando-se os argumentos contra a progressão continuada

Em primeiro lugar, a prosaica afirmação de que o sistema é bom porque deu certo lá fora constitui falácia ou mito: cada realidade educacional apresenta singularidades e especificidades intransferíveis, o que torna esse apelo ingênuo ao tentar opor comparações inconciliáveis, sistemas intransferíveis.

Em segundo lugar, se é certo que alguns professores valiam-se da nota para instigar o aluno ao progresso, seria essa estratégia condenável? A própria sociedade capitalista não impõe uma ditadura do consumo como estímulo à sua busca? Superar dificuldades não significa uma forma de crescer? Além disso, ao tirarmos a nota como instrumento de estímulo, o que se coloca em seu lugar? Como fica o professor, uma vez que não lhe é oferecida alternativa e, de "mestre consagrado e exigente de ontem", passa a ser visto como arrogante ditador? Afora os exageros de certos professores, seria assim tão mau crer que o aluno precisava vencer sua preguiça e adestrar a atenção para o prêmio do sucesso? Não seria exagero afirmar que a busca pela melhor nota e pela aprovação final simboliza a tirania do mais forte? Alega-se ainda que o sistema de reprovação é muito caro e minimiza o número de vagas. Paciência! Não se troca quantidade por qualidade e de que adianta vagas para todos em uma escola que não ensina para crianças que passam de ano nos estreitos limites de seus pensamentos, tal como se encontravam no ano que começou? Se as vagas são poucas, é necessário que se invista mais em escolas e na formação de professores, sem maquiar o problema com índices de sucesso que apenas forjam progressão, sem verdadeiramente educar. Quanto ao professor, ao contrário do que se afirma, a mudança de paradigma desafia-o ainda mais a aprender, anima-o a estudar. Prova disso é que jamais se vendeu tantos livros sobre educação e nunca se promoveu tantos congressos, jornadas pedagógicas e seminários como hoje.

Refutando-se os argumentos favor da progressão continuada

Se são plausíveis as críticas aos aspectos positivos da progressão continuada, não parecem menos plausíveis as críticas feitas contra ela. Exagera-se ao se afirmar que o sistema elimina a reprovação, uma vez que esta não é proibida, e sim extraída do egocentrismo perverso deste ou daquele professor e delegada aos argumentos de bom senso de um conselho. Além disso, os ciclos não estariam mais adequados a níveis de uma epistemologia genética? Quem garante que após 200 dias letivos se está diante de um verdadeiro momento de aferição? Mais ainda, ao criar obstáculos à retenção gratuita e específica de determinada disciplina, o sistema está simplesmente opondo a uma avaliação somativa ou quantitativa – e, portanto, a uma grosseira "medição" – os critérios de uma avaliação qualitativa ou educativa que percebe aonde o aluno pode chegar e diagnostica aonde demonstrou ser realmente capaz de chegar. Assim, substitui-se a avaliação pelo "máximo" que insiste em considerar que todos são iguais por uma avaliação pelo "ótimo" centrada na individualidade de cada um. Será que "nivelar por baixo" não representa argumento de professor que sempre agiu desse modo, exaltando a mediocridade, e agora busca o pretexto de uma medida para justificá-la?

Parece que a resposta a essa questão não constitui tarefa de quem apresenta e refuta argumentos, e sim de quem os julga e pondera.

Vale enfatizar que uma visão não-maniqueísta do problema é saudável para todos, sejam quais forem suas ideologias. Adequar as faixas de avaliação final às fases de desenvolvimento do pensamento operacional é bom, assim como é bom não permitir o avanço a quem não busca superar os limites de seu desenvolvimento proximal. Ensinar saberes, desenvolver competências, "acordar" habilidades, guardadas as devidas proporções, equivale a ensinar a pilotar um avião: ou o comandante vai à cabine impondo confiança e serenidade aos passageiros, ou é melhor abandonar essa tarefa. Eliminar a tirania da reprovação como instrumento de controle atitudinal é bom, assim como é bom passar o exame das efetivas condições dos alunos à responsabilidade de uma equipe, e não mais aos critérios individualistas de uns e de outros. Dispor de mais vagas na escola pública é bom, assim como é bom e necessário investir mais nesse setor para que os professores acreditem-se realmente capazes de transformar informações em conhecimento, de despertar inteligências e de desenvolver capacidades múltiplas em seus alunos. Tudo isso é essencial, assim como repensar o currículo para que ele saia dessa "torre de marfim" que é o adestramento para vestibulares e vá para as ruas, ensinando ao aluno os desafios que enfrentará na vida.

Será que nas relações interpessoais, nas tarefas de uma empresa, nos conflitos afetivos, na ida ao supermercado não existem a autenticidade de uma língua portuguesa, a compreensão de uma verdadeira matemática e os estímulos da geografia, da história, das ciências, da língua estrangeira, da educação física e das demais disciplinas? Será que um currículo não pode estar a serviço da verdade e, para isso, necessite da ciência, da beleza, e jamais dispense a arte da justiça e da bondade, buscando na história e na filosofia os elementos para essa reflexão?

Em suma, raramente uma nova idéia em educação traz em sua essência uma perspectiva extremamente negativa ou plenamente positiva. O que pode ou não engrandecer essa idéia é a maneira como é colocada em prática, tornando regular o que parece ser sofrível, transformando em excelente o que é apenas bom.

A EDUCABILIDADE MORAL E EMOCIONAL E A INCLUSÃO

Dois temas são extremamente relevantes na discussão sobre a educação das emoções. O primeiro envolve sua inquestionável validade e o absurdo de mantermos nossos alunos distantes de projetos que estimulem seu autoconhecimento, que os preparem para sua automotivação e que elevem seu potencial de auto-estima, bem como o nível e a qualidade de suas relações interpessoais. O segundo reflete sobre a dúvida se as emoções são educáveis e, portanto, se toda a discussão a esse respeito terá efeito significativo e apresentará durabilidade inquestionável.

Este conjunto de crônicas expõe elementos sobre esses dois temas, revela algumas experiências nacionais e internacionais, de educabilidade emocional e de fortalecimento do caráter e, se não resolve inteiramente a dúvida levantada pelo segundo tema, ao menos busca tornar ainda mais imperiosas as razões para se ressaltar a importância do primeiro.

Também são tecidos comentários sobre a inclusão e, embora os temas possam ser aparentemente distintos, guardam inequívoca relação; afinal, de que adianta defender a educação das emoções se esta não nos conduzir a uma integral aceitação do outro, sejam quais forem as diferenças apresentadas?

O que ensina quem ensina educação moral?

Um professor ou uma professora que ensina geografia ministra aulas sobre a relação entre o homem e a natureza, mostrando como o espaço é construído e transformado. Um professor ou uma professora que ensina matemática leva o aluno a construir relações entre grandezas e a decifrar a linguagem infinita das formas e das grandezas. Mas o que ensina o professor ou a professora que ministra aulas de educação moral?

A educação moral deveria ser uma disciplina como outra qualquer e, por conseguinte, deveria ganhar espaço nos horários e integrar-se às "bagagens" que os alunos recebem, por meio das quais desenvolvem suas capacidades e competências com o objetivo de descobrirem e construírem suas aptidões cognitivas, seja no campo das emoções, seja no campo dos sentimentos. Logo, quem ministra aulas de educação moral – e pode ser o mesmo professor que ministra aulas de geografia, matemática ou outra disciplina qualquer – deve preocupar-se em inserir os conteúdos que ministra em quatro dimensões:

- na *sabedoria* para que o aluno saiba refletir, argumentar e usar a razão;
- na *construção do caráter* para que o aluno possa treinar hábitos e virtudes solidárias e altruísticas;
- no *exercício do autodomínio* para que supere em níveis plausíveis sua natureza biológica e suas ansiedades existenciais;
- no fortalecimento de seus *sentimentos de autodeterminação* para que possa exercer o arbítrio de seu altruísmo e fazer de seus planos as suas metas;

É evidente que nos elementos estruturais dessas quatro dimensões devem figurar com destaque conteúdos ligados à temperança, à prudência, à coragem, à justiça, ao respeito, ao sacrifício em nome do amor, à liberdade e à autonomia.

Um professor ou uma professora que ensina geografia não só desenvolve estratégias expositivas, mas também cria jogos operatórios, explora competências reflexivas, analisa casos e desenvolve a dialética da análise e da síntese. Da mesma forma, um professor ou uma professora que ensina matemática conduz seus alunos ao raciocínio lógico, ajudando-os a desenvolver habilidades como deduzir, sintetizar, identificar e relacionar, entre outras. E o professor ou a professora de educação moral: quais estratégias deve desenvolver?

A seleção de estratégias de quem trabalha com educação moral deve estar diretamente condicionada ao nível que se pretende atingir. Para valores éticos mais simples, voltados ao cumprimento das leis, ao cumprimento de contratos e às normas de convivência e relações interpessoais, é suficiente o uso de métodos dialógicos, baseados na discussão de dilemas, na compreensão do sentido de uma verdadeira crítica, na clarificação de valores e na assunção de papéis. Para valores mais abrangentes, voltados à decência, ao respeito aos valores, aos bons costumes e à reciprocidade entre o que se deseja e o que se faz, as estratégias mais funcionais são as que se inspiram nos exemplos do professor e no clima que consegue criar em suas aulas. Para uma ética ainda mais ambiciosa, que vai além da justiça e que já incorpora reflexões e ações sobre a benevolência, o sacrifício e o amor oferecido e não necessariamente recebido, é essencial a leitura e a discussão de grandes narrativas morais, a utilização de estratégias de testemunhos e o contato com modelos presentes na comunidade, os quais expressam, ainda que inconscientemente, esses valores éticos.

Um professor ou uma professora que ensina geografia, matemática ou outra disciplina do currículo somente realiza um trabalho com grandeza e dignidade quando fundamenta sua missão em objetivos plenamente clarificados. Quais devem ser os objetivos de quem ministra aulas de educação moral?

Existem três objetivos centrais, mas é impossível hierarquizá-los ou imaginar que o alcance de apenas dois seja suficiente. Os três funcionam no mesmo nível, sendo que poder alcançá-los solidifica e define a qualidade do educador moral. Esses objetivos são:

- conseguir que todos os alunos conheçam as normas morais;
- estimular que respeitem essas normas em sua conduta diária;
- fazer com que cada um de seus alunos deseje superar-se em seus anseios morais, aspirando a uma ética elevada e a uma moral superior.

Sempre defendemos a idéia de que educadores morais não se buscam em anúncios classificados. Ao contrário, são pessoas que estão presentes no corpo docente e até mesmo administrativo de cada escola e que podem ser identificadas por seus pares através de alguns valores fundamentais: saber aceitar-se como modelo, saber resgatar no cotidiano da escola e das notícias da mídia os dilemas éticos que envolvem a sociedade, saber argumentar com seus alunos acerca desses dilemas, saber exprimir sua concepção moral através de sua ação, ser um moderador, saber manter com seus colegas e com os alunos um clima de empatia e ser capaz de envolver seus discípulos na vontade de construir uma ética maior.

Em uma comunidade escolar que muitas vezes agrega mais de 50 profissionais, é impossível não haver alguns com todas essas prerrogativas e com a soberana vontade de transformar uma ideologia em uma ação, um sentimento em uma verdade. Para profissionais com esse perfil, é essencial conhecer o que Laurence Kohlberg pensou e realizou sobre a educação moral.

O que é importante perguntar sobre Kohlberg e a educação moral?

Quem foi Kohlberg?

Lawrence Kohlberg doutorou-se em Psicologia na Universidade de Chicago, desenvolvendo uma insinuante tese, fruto de laboriosa pesquisa sobre o raciocínio moral do adolescente. De origem judaica, foi muito influenciado pelas idéias filosóficas de Kant, pela teoria educacional de John Dewey e, sobretudo, por Piaget, cuja obra *O julgamento moral das crianças* foi seu livro de cabeceira, enquanto era estudante universitário. Mais tarde, como professor de Psicologia do Desenvolvimento na Universidade de Harvard, dirigiu durante muitos anos o Centro de Educação Moral de Harvard. Faleceu em 1987.

Qual a contribuição de Kohlberg para a educação moral?

Provavelmente, Lawrence Kohlberg seja o nome mais importante do século XX no estudo e na aplicação da educação moral. Sua influência sobre o ensino foi bastante grande, expandindo-se muito além dos Estados Unidos e de Israel, onde atuou de forma mais direta. Sua teoria, que defende a educabilidade moral, simboliza verdadeira luz de esperança em toda a sociedade ocidental, traumatizada pela criminalidade, pela corrupção, pelo vandalismo e pelo crescente egoísmo social. Longe de fundamentar suas idéias somente em leituras e reflexões, conduziu por mais de três décadas um monumental trabalho de investigação sobre o desenvolvimento moral e a questão da justiça.

Quais as principais idéias de Lawrence Kohlberg sobre o desenvolvimento moral?

A maior contribuição de Lawrence Kohlberg para a compreensão da evolução do pensamento moral na criança e no adolescente é sua teoria sobre os estágios de desenvolvimento moral, que acreditava comum a todos os seres humanos. Durante mais de 20 anos, Kohlberg reuniu crianças de 10 a 16 anos, contando-lhes uma história que impunha dilemas morais, anotando cuidadosamente as respostas, interessando-se pelo tipo de raciocínio com que essas respostas eram construídas. A partir das respostas coletadas, Kohlberg concluiu que o nível de raciocínio moral está relacionado ao nível de conhecimento individual, mais ou menos segundo as etapas estudadas por Piaget, convencendo-se de que as pessoas chegam a julgamentos morais por si próprias, inteirando-se com o ambiente, quase através de uma autodescoberta, e não internalizando padrões herdados de pais e professores. Baseado nesses estudos, identificou três níveis de raciocínio moral, cada um deles dividido em dois estágios. Segundo esses níveis, até aproximadamente os 7 ou 8 anos, o juízo moral da criança é determinado pelas idéias dos adultos com os quais convive e a quem cabe obedecer, simplesmente porque são adultos e devem saber mais. Por volta dos 11 ou 12 anos, essa fase transforma-se e o que agora a criança busca é o procedimento moral para agradar e construir imagem positiva junto aos adultos que lhe são relevantes. Somente após os 13 anos é que se desenvolve uma moral autônoma, com a compreensão de que deve existir uma espécie de "contrato social" para ser cumprido, mas que há momentos em que o sentimento pessoal entra em conflito com as regras desse contrato.

E quais seriam, com mais detalhes, esses níveis e seus estágios? Como desenvolver a educabilidade moral em cada um deles?

Nível 1: moral pré-convencional. Crianças de 2 a 7 anos aproximadamente.

Estágio 1: as crianças obedecem às regras apenas para evitar "punições", ainda que estas possam ser entendidas como um simples desagrado dos pais. É uma fase em que a orientação moral deve primar por regras claras, conceitos de valores firmemente definidos e não-contraditórios, bem como extrema coerência na premiação ou na sanção. Como não existe um senso moral próprio na criança, o reforço sobre as condutas desejadas acaba sendo o meio mais eficiente para moldar seu comportamento.

Estágio 2: as crianças agem em conformidade com as regras, independentemente de seus interesses próprios e da consideração pelo que os outros podem fazer por elas em retribuição. Uma ação "certa" é toda aquela que funciona e, quando os adultos acreditam que a criança está agradando ao outro, na verdade o faz porque essas ações agradam a si mesma. O conjunto de regras da vida social e dos relacionamentos interpessoais deve aumentar progressivamente, mas é essencial que seus preceitos sejam integralmente compreendidos pela criança e que ela continue a perceber extrema coerência nos procedimentos. O jogo, muitas vezes, pode ser um dos caminhos úteis para essa percepção. A justiça, em muitos casos, é mais relevante que a bondade.

Nível 2: moralidade de conformidade ao papel convencional. Pré-adolescentes de 7 a 11 anos.

Estágio 3: a aprovação social representa verdadeira "lei de ouro" para o pré-adolescente, que sente imperiosa necessidade de agradar e ajudar aos outros. A orientação moral, trabalhada através de estudos de casos, dilemas morais e exemplos edificantes, deve ajudar o jovem a desenvolver suas próprias idéias do que é ser uma "boa pessoa".

Estágio 4: o jovem passa a encarar as relações interpessoais como sendo edificadas nos termos de um rigoroso "contrato", em que as obrigações de cada um devem ser extremamente claras. As idéias morais generalizam-se, e as crianças gostam de cumpri-las porque desenvolvem um senso de dever para com a autoridade. Elas ficam fortemente chocadas com a violação de uma regra, seja qual for o motivo que possa justificar tal atitude. A orientação moral deve abrir espaços para muitos debates entre jovens e seus professores, discutindo casos e dilemas morais e ajudando-os a construir os termos desse "contrato social", além de enfatizar a história de personalidades que possam inspirar modelos de ação. Através desses debates, os alunos são auxiliados a ver os diversos aspectos relevantes de alguns dilemas morais, transferindo-os para outros casos, assim como a expressar suas próprias opiniões e temores. É a fase em que encontros de educação moral são extremamente significativos para uma educação integral.

Nível 3: moralidade dos princípios morais autônomos. Após os 13 anos, mas em algumas circunstâncias pode jamais ocorrer. É o nível em que se alcança uma verdadeira moralidade consciente, internalizando posturas próprias do "certo" e do "errado" que podem sobressair-se a outros interesses. É, por exemplo, o dilema moral, como "Adoraria apanhar esta caneta que não é minha, e ninguém saberia que fui eu, mas não o farei porque isso não é certo". Pela primeira vez se

Estágio 5: reconhece a possibilidade de conflito entre dois padrões socialmente aceitos.
o adolescente pensa em termos racionais. Seu senso de dever é agora ainda mais forte, valorizando a vontade da maioria e o bem-estar da sociedade, mas admite que existem momentos em que as contingências humanas entram em conflito. Por exemplo: "Roubar para salvar meu filho da fome não é certo, mas é justificável". É importante que a orientação moral possa colocar em debate valores, virtudes e qualidades não como quem as exalta ou as impõe, e sim como quem busca esclarecer princípios da vida social e ajuda o jovem a compreender o "contrato social" vigente.

Estágio 6: a formação moral alcança seu estágio final e as pessoas fazem o que, como indivíduos, pensam estar certo, independentemente das restrições legais e da opinião dos outros. As idéias morais integram-se a uma filosofia consistente e coerente. A discussão sobre dilemas morais e a possibilidade de o jovem posicionar-se ajudam-no a compreender melhor a relação entre sua visão de valores e a visão de outras pessoas em outras circunstâncias.

Qual a validade desses estágios de Kohlberg para um trabalho de orientação moral?

Pesquisas realizadas após o desaparecimento de Kohlberg confirmam a maior parte de sua teoria, mas deixam alguns outros pontos em aberto, sobretudo quando aplicados para crianças e adolescente situados em outra realidade sociocultural e econômica e, principalmente, para a educação moral de crianças de culturas não-ocidentais. Nesse sentido, Kohlberg teria errado em universalizar os estágios como se, em toda parte, todos vivessem situações morais análogas. Outra crítica à teoria de Kohlberg é o fato de ter sido desenvolvida a partir de um estudo apenas com amostras de elementos do sexo masculino, não reconhecendo que o universo moral e as linhas da educação da mulher podem apresentar peculiaridades específicas. Além disso, outras pesquisas verificam que os julgamentos morais são fortemente influenciados pela educação, colocando dúvidas sobre a ênfase dada por Kohlberg à autodescoberta. De qualquer forma, porém, o valor de seu trabalho representa uma luz na tentativa de se agregar aos elementos do currículo escolar a possibilidade de uma educação moral.

Esses estágios mencionam sempre a "consciência do certo". O que vem a ser "certo", o "princípio ético", para Lawrence Kohlberg?

Para Kohlberg, o princípio ético significa, essencialmente, duas coisas: um procedimento racional que oriente a reflexão sobre questões morais e um conceito de justiça inspirada no sentimento de igualdade e universalidade dos direitos humanos. Justiça é tratar com igualdade todas as pessoas, independentemente de sua posição social.

Qual o papel da cognição na teoria de Kohlberg?

A teoria de Kohlberg é conhecida como "cognitivo-desenvolvimentista", concedendo, assim, um papel central à cognição no processo de desenvolvimento moral. Dessa maneira, sua teoria defende a idéia de que o pensamento moral pela interação com os outros e com o ambiente, e não como um atributo biológico que surgirá em determinada idade. Assim, uma criança e um adolescente evoluirá em seus pensamentos morais mediante o desenvolvimento de certos princípios e práticas pedagógicas estruturadas e ligadas ao conceito de justiça, mas essa aplicação precisará manter íntima relação com o estágio do educando, ao mesmo tempo em que deverá afastar-se da simples exposição ou dos discursos de aconselhamento. Kohlberg sempre criticou os modelos curriculares preocupados com a transmissão de virtudes morais e, ao invés de uma ênfase nos conteúdos e na premiação aos comportamentos, a teoria centra-se na forma, na estrutura e no processo de pensamento, que será tanto mais adequadamente moral quanto mais "imparcial" e "universal" forem os juízos produzidos. Afastando-se de Aristóteles, Kohlberg insere-se no pensamento e nas reflexões socráticas e platônicas, as quais assume que "aquele que conhece o bem praticará o bem" e que toda imoralidade é sempre uma questão de desconhecimento ou ignorância. Todas as intervenções de Kohlberg e seus colaboradores, relacionadas com a criação de programas educativos nos Estados Unidos, sobretudo os programas Schools Within a School e Cluster School aplicados no final dos anos 70, recusavam a utilização de metodologias de ensino direto, preferindo ações que levassem os alunos à tomada de decisões, às discussões de dilemas morais extraídos de acontecimentos reais ou hipoteticamente criados e ao seu envolvimento em grupos de trabalho que praticassem e refletissem idéias de justiça, solidariedade social e voluntariado ativo.

Segundo Kohlberg, como avaliar o desenvolvimento moral?

Essa questão envolve duas posições que se completam: a primeira é sobre como avaliar em qual fase de desenvolvimento moral encontra-se a criança e a segunda é sobre o acompanhamento do desempenho dos trabalhos efetuados em classe para saber se houve ou não progresso, se as ações desenvolvidas pelo trabalho dos professores apresentaram resultados satisfatórios. A primeira resposta, seguramente, é bem mais fácil que a segunda, embora exercícios como o apresentado sejam claramente insuficientes para distinguir claramente cada uma das fases propostas por Kohlberg. Uma maneira para se medir a fase de desenvolvimento moral é confrontar o aluno com uma problema apresentado, verificar como este é resolvido pela criança e, principalmente, os argumentos utilizados para fazê-lo. Essa atividade pode ser realizada contando-se uma história em que as crianças sejam confrontadas com um dilema. Por exemplo:

> "O pai de Ricardo prometeu que deixará o filho ir ao parque de diversões se estudar duas horas por dia, todos os dias. Ricardo cumpre essa tarefa, mas, no final da semana, o pai afirma que pensou melhor e que não o deixará ir. Ricardo sai de casa e, às escondidas, vai ao parque com os amigos, contando tal fato para sua irmã. A irmã deve ou não revelar essa ação ao pai?"

Embora questões dessa natureza possam provocar uma constelação de respostas diferentes, a tendência, segundo Kohlberg, é que:

Fases 1 e 2:   as crianças pensam que a irmã deve contar ao pai, porque, se não o fizer, poderá ser punida caso o pai descubra a ação do irmão.
Fases 3 e 4:   as crianças pensam que a irmã deve contar ao pai, porque é errada a ação de mentir aos pais.
Fases 5:   as crianças pensam que o pai errou em prometer algo e não cumprir, mas a irmã deve contar ao pai para não errar também, agindo de maneira conspiratória.
Fase 6:   passa a não existir consenso nas respostas com uma tendência a expressar seu próprio código moral. Alguns dirão que um erro não justifica o outro, enquanto outros julgarão que o erro de Ricardo corrige o erro do pai.

A avaliação do eventual progresso dos alunos com o trabalho sistemático dos professores é bem mais sutil. Não existe qualquer certeza de que uma educação moral possa "domesticar" comportamentos e nem mesmo parece ser esse o objetivo de trabalhos dessa natureza. Existindo na escola uma observação cuidadosa do aluno em diferentes situações que exigem sua ação moral e, sobretudo, existindo integral confiabilidade em suas palavras, talvez a maneira mais eficiente seria ajudá-lo a se auto-avaliar e a aceitar seu julgamento de progresso ou não no conjunto de suas condutas. O papel da escola e dos professores parece ser sempre o de ajudar o aluno nos limites integrais de suas possibilidades, ainda que não seja possível contar com a irrestrita certeza de que essa ajuda mostre-se totalmente eficiente. Tal como um cirurgião em delicada intervenção, cabe ao professor dar o melhor de si, mesmo que seus sonhos de grandeza fiquem muito aquém do que efetivamente vier a conseguir. A educação moral é importante na escola; porém, assim como a escola, os modelos de comportamento que poderão vir a ser adotados pelo aluno também dependem do lar, da mídia, do círculo de amigos e do meio em que esse aluno cresce.

Na perspectiva de Kohlberg, o que seria um aluno "moralmente educado"?

Seria uma pessoa capaz de fazer uso da reflexão quando diante de um dilema ou problema moral e capaz de, por meio dessa reflexão, chegar a uma solução que revele identidade com o princípio de justiça, buscando o maior bem possível para o maior número de pessoas envolvidas. Ressalte-se, porém, que Kohlberg jamais admitiu validade para o "doutrinamento" moral ou para o relativismo segundo o qual a escola e os professores nada fariam. Defendia a importância da educação moral, mas uma educação fortemente inspirada na aceitação do pluralismo cultural, na recusa à existência de hierarquia de valores e no destaque aos princípios éticos universais.

Qual o papel do professor na teoria de Kohlberg?

O papel primordial do professor é o de atuar como um facilitador no processo de desenvolvimento do raciocínio moral do aluno, de suas reflexões, da elaboração de juízos e de suas decisões. Deve ajudá-lo a colocar questões, reformular perguntas, definir conceitos e distinguir as várias posições possíveis em um ponto de vista. Também deve colaborar com a turma na identificação de um tema, um problema e um dilema moral e, depois, ajudá-la a refletir sobre formas alternativas de pensamentos morais. Além disso, deve ajudar os alunos a refletirem criticamente sobre a adequação dos processos de raciocínios empregados, sobre sua coerência e sua lógica. Quando a escola desenvolve aulas de educação moral, ou envolve os alunos em projetos específicos nesse campo, o professor assume a função de dinamizador da participação de todos ou dos voluntários nas atividades que proponham tomadas de decisões, animando-os a participarem, sempre que possível, dos órgãos de gestão escolar. Contudo, bem mais que por sua ação, é certo que o professor educará por seu exemplo e por seu entusiasmo, desde que sejam autênticos. Embora, à primeira vista, possa não parecer, a sala de aula é um ambiente extremamente fértil para que o professor, consciente ou inconscientemente, mostre seus princípios de honestidade, tolerância, simpatia e imparcialidade. Além disso, é importante realçar que, mesmo existindo aulas e atividades específicas para a educação moral, a oportunidade para que esta ocorra deve estar presente em todos os momentos, em qualquer situação, em qualquer parte da escola, em inúmeras possibilidades.

Como seriam perguntas que abrigam "dilemas morais" colocadas em prática com tanta ênfase por Kohlberg?

Na questão 8, vimos a adaptação de um dos dilemas morais propostos por Kohlberg, mas na verdade existe uma grande quantidade de outros e, inspirado nestes, não parece ser difícil ao professor imaginar outros. O mais famoso dos dilemas propostos é o caso seguinte:

> Uma mulher estava às portas da morte. Um farmacêutico descobriu uma droga que poderia salvá-la, mas cobrava um preço altíssimo para cada dose, pois, além do material que usava, deseja obter retorno por seus longos anos de estudos antes da descoberta. O marido da mulher doente empenhou tudo o que possuía, porém obteve apenas a metade do valor pedido pelo farmacêutico e tentou convencê-lo a vender com preço mais baixo. Este recusou vender a droga por valor menor, levando o marido, na primeira oportunidade possível, a roubar a droga. Ele deveria ter feito isso? Por quê?

Na mesma linha de dilemas propostos, existe uma série de outros que permitem igual reflexão, ainda que não apresentados por Kohlberg. Por exemplo:

> Um barco salva-vidas, logo após um naufrágio, pode levar apenas três passageiros de cinco que aspiram à salvação. Quais seriam salvos entre um sacerdote generoso, mas de idade avançada, uma criança de seis anos com problemas mentais, um marinheiro experiente e forte, mas extremamente egoísta, um advogado que está sendo aguardado para ser julgado por crime que alega não ter cometido e uma mãe com quatro filhos pequenos para criar?

É possível afirmar que a teoria de Kohlberg caracteriza um modelo pedagógico?

Durante a primeira fase de suas pesquisas, Kohlberg não demonstrava interesse em aplicar sua teoria em cenários educacionais. Como cientista, interessava-lhe bem mais a essência da descoberta do que a eventualidade de sua utilização. Após a popularização de seus estudos e a insistência do governo dos Estados Unidos, nos anos 70, Kohlberg mudou seu pensamento inicial e procurou adaptar sua teoria ao estilo de um verdadeiro modelo pedagógico, criando programas de educação moral e acreditando que a discussão de dilemas morais em sala de aula contribuía para o desenvolvimento emocional e moral de seus alunos, fazendo-os avançar pelo menos um estágio.

Refletindo sobre a inclusão para uma educação moral

Considere o seguinte texto:
Adriana ama intensamente seu pequeno Beto. Algumas vezes, põe-se a refletir como seria sua vida sem ele e, nessas horas, em perdido desespero, fica em dúvida se gostaria de morrer antes ou depois dessa sua paixão. Antes, por certo, não sofreria a dor de pungente perda; depois, como deixá-lo para outras mãos, para outros carinhos? Seria possível a certeza de que existiria alguém no mundo com amor igual ao seu, com a dimensão de sua infinita capacidade de renúncia por seu pequeno Beto?

Recebeu-o ainda pequenino, quando choramingava. Alimentou-o com ternura de mãe e, se não era mãe biológica, o que isso tinha de importante? Mãe não é quem acolhe com mais afeto, com mais ternura? Beto cresceu sob seus cuidados, corre, brinca e diverte-se, embora nada fale. Adriana não tem certeza se um dia falará. Mas os olhos de Beto, por acaso, não falam? A ansiedade com que a espera, por sua vez, não é nítida linguagem de recíproco amor? Aprendeu que as palavras de Beto não são as que se pronunciam com os lábios e, por esse motivo, é capaz de compreender em cada mínimo detalhe sua fome de alimento, sua carência de carinho e a infinita retribuição de amor que esse pequenino ser devota-lhe.

Adriana realmente não sabe como seria viver sem esse pequeno amigo! Antes de sua chegada, sua vida era insípida, vazia, rotineira. Solteira, perdera na juventude ilusões da companhia sonhada e vagava pelo incomensurável vazio de perceber que os dias esvaiam-se sem uma única razão para viver. De que vale a vida sem paixão? Ao receber e adotar Beto, sua rotina "desabou" e, imersa em cuidados e providências, viu-se envolvida pelo maravilhoso turbilhão de não dar conta de tantas coisas a fazer, tantos cuidados a tomar. Logo de início, entregou-se com infinita ternura a essa paixão e, ao percebê-la retribuída e cada dia com mais intensidade, foi transformando-se e descobrindo em si mesma a auto-estima que desconhecia, a razão de viver antes tão cinzenta e opaca. Para Adriana, Beto é tudo; sem ele, a vida será um quase nada. E, quanto a Beto, o que se sabe dele?

Criança ou cachorrinho? Portador de síndrome de Down ou canário tagarela? Menino autista ou gatinho manhoso? Isso é, seguramente, o que menos importa? O amor não se aprisiona por sutis diferenças.

Em um primeiro olhar, esse pequeno texto não trabalha a inclusão ou mesmo a educabilidade moral. Reflete, porém, o estranho procedimento que leva a maior parte das pessoas a se dedicar com extrema ternura aos animais, mesmo sabendo que eles são extremamente diferentes dos seres humanos, e a se distanciar de algumas pessoas ao percebê-las portadoras de deficiências físicas ou mentais. O texto, ao não deixar claro no início se Beto é ou não um ser humano ou um ser de outra espécie, busca colocar a intensidade dessa contradição e clamar para que possamos desenvolver progressivamente um novo olhar sobre "criaturas diferentes" que não precisam ser vistas necessariamente como criaturas deficientes.

Tais criaturas poderiam ser "iguais" nas suas "diferenças", mas semelhantes pela intensidade do amor com que necessitam ser descobertas por esse "novo olhar". Prosseguiremos a análise desse tema na próxima crônica.

Respostas interessantes para perguntas intrigantes

Imagine que um grupo de alienígenas resolva, como tema de pesquisa, estudar os terráqueos. Assumindo corpos similares aos nossos, vagueiam por nossas ruas, freqüentam nossas casas sem que os percebamos, andam ao nosso lado no trânsito caótico ou nos corredores dos supermercados. Imagine ainda que são habitantes de um planeta há bem mais tempo ocupado pela vida e, por isso, tecnologicamente muito mais avançado que o nosso. Em sua opinião, o que mais os impressiona entre os terráqueos?

Talvez a capacidade humana de fazer amigos, a força intensa da empatia, enfim, esse "cérebro social" que possuímos e que nos torna portadores de uma singularidade única.

Por que fazemos amigos fora do grupo parental? O que nos leva a fazer amizades?

A resposta é bem mais difícil do que a princípio se acredita! Amamos nossos filhos porque a evolução biológica não nos deu outra opção senão a de protetores da espécie. Ao contrário de outros animais que nascem prontos para desafiar a vida, os humanos são extremamente frágeis, e a consciência dessa proteção gerou o amor maternal e paternal. Amamos uma pessoa de outro sexo porque com ela precisamos misturar nossos genes. Outra vez, a seleção natural faz-se presente e subordina-nos ao amor inefável. Essa visão evolucionista pode não ser das mais românticas, porém incontestavelmente é aceitável, possui respaldo científico sólido e acalmaria os alienígenas. O mesmo, porém, não vale para a amizade entre duas pessoas geneticamente diferentes. Amamos um amigo não porque sentimos necessidade de protegê-lo e menos ainda porque ansiamos combinar nossos genes com os dele! Por que, então, a amizade existe? É certo que a solidariedade torna-nos mais fortes, mas o resquício naturalista valeria para explicar nosso desejo de viver em bandos, jamais para justificar a unicidade do amigo, por quem não poucas vezes fazemos mais que o que se faz a um irmão.

Não sabemos responder à dúvida alienígena e não nos preocupamos com a ignorância da resposta. Suponha agora que eles indaguem: onde se ensina a fazer amigos? Como é essa escola? Como são essas aulas? De que tipo são suas lições? O que responderemos? Que amizade não se aprende na escola? Que não são necessárias as lições, pois sem ela fomos capazes de fazer amigos? Mas será que todas as pessoas realmente sabem ser amigas? Não seria desejável que a importância desse conteúdo integrasse os currículos escolares? Com essas perguntas, chega então a surpresa.

O assunto não é assim tão exótico. Centenas de escolas no mundo inteiro preocupam-se com isso e desenvolvem projetos estimulantes mostrando como estabelecer relações, como participar de eventos, como solidarizar-se e quais estratégias para "acordar" a empatia que parece acomodada dentro de nós mesmos. Não poucas escolas já estão dando conta da crucial importância desse desafio e reservando alguns minutos por semana para ajudar os alunos – todos os alunos – a aprender como serem amigos, como assumirem, reconhecerem e falarem sobre suas emoções. A educação emocional, na verdade, é um pouco mais que isso. Com esses projetos, não se busca "domesticar" sentimentos, e sim encenar situações, discutir e analisar casos, simular situações de relações interpessoais que, internalizadas pouco a pouco pelas crianças, um dia se converterão em suas relações interpessoais.

Nossos amigos alienígenas poderiam ficar desapontados ao descobrirem que tema de tão relevante pertinência ocupe tão poucas horas em tão raras escolas, mas, por certo, não sairiam sem respostas interessantes para suas perguntas intrigantes. Não haver currículos escolares preocupados em aprofundar o tema da amizade e como construí-la parece-nos tão irreal quanto o conceito de herói, o qual a próxima crônica procura trabalhar.

Onde apenas heróis transitam

O que é um herói? Criatura notável pelos feitos de sua valentia? Protagonista de peça literária ou teatral que se destaca pela realização de obra imensa? Pessoa que renuncia às suas ambições comuns em nome de uma grande causa e a ela se entrega por inteiro? É impossível ter certeza absoluta, pois esse substantivo apresenta ampla diversidade e, conforme a causa, aqui e ali se ajusta. Existem até mesmo pessoas que negam o heroísmo, acreditando que atos de grandeza são ações de cidadãos comuns diante de circunstâncias especiais. Como chegar à definitiva conceituação?

Se excluirmos conceitos genéricos e associarmos o substantivo à ação de garra, fé, luta, vontade cotidiana e indômita de jamais se curvar, então sou um privilegiado, pois conheço uma porção de heróis. Heróis de verdade, criaturas reais para quem todas as ocasiões em todos os minutos representam instantes especialíssimos de grandeza, oportunidades incontestes de superação. Um desses heróis trabalha no mesmo espaço por onde 30 anos trabalhei. Hemiplégico, arrasta-se com sua cadeira de lá para cá, discute futebol, debate política, administra empresa, trabalha duro e pesado – e, Deus meu, como trabalha! O que para outros é desafio comum, obstáculo banal que se supera sem mesmo se acreditar que houve superação, para ele representa escalada infinita, escada de muitos degraus, e cada um que se vence simboliza uma conquista com extrema tenacidade e galhardia. Pode haver heroísmo maior que esse? É possível comparar pessoas comuns, que sobem escadas sem pensar que elas existem, com outras que delas fazem alpinismo desafiador do cotidiano inglório?

Como esse, existem muitos outros heróis. Conheço um outro, portador da síndrome de Down, igualmente heróico nos desafios diários que supera. Para ele, cada cotidiano escanhoar, cada frase dita com precisão, cada tarefa simples concluída, não resvala jamais pela indiferença omissa diante de uma vitória esplêndida. Cada amanhecer propõe uma luta brutal no novo dia que se descortina e uma verdadeira montanha de ameaças a suplantar. Pode esse herói ser comparado a outros que aqui ou ali venceram uma ou outra batalha? As suas por acaso não são batalhas cotidianas de superação infinita? Sei ainda de mais outro herói que, vítima de paralisia cerebral, caminha ao sabor de vendavais horríveis que a cada passo querem derrubá-lo. Ele jamais se sujeita ao chão ou ao amparo e, a cada passo que dá ou a cada metro que percorre, edifica monumentos de árdua construção na circunstância de não se curvar.

Não é possível um olhar de pena a esses heróis, uma vez que o sentimento de compaixão não se enquadra a conquistas, vitórias, magníficos desafios superados. O sentimento que pessoas assim despertam é, na verdade, o sentimento da "boa inveja", aquela que se confunde com a ilimitada admiração, com a humilde percepção de que jamais os igualaremos.

Será que um dia, nós, pessoas comuns que aguardam ocasionais desafios para exercitar pobres e limitados gestos de heroísmo, poderemos igualá-los? Será que merecemos receber deles complacência por uma tola presunção de êxito diante dos estreitos limites com os quais a imensidão da vida nos desafia?

A tolice da tolerância

Sempre que se discute o tema da inclusão, vem à tona a palavra "tolerância". Discursos e mais discursos são feitos afirmando que a escola deve ser o lugar para treinar a tolerância e que sua falta identifica os crimes hediondos da humanidade. Algo tão sublime que a própria Organização das Nações Unidas determinou que 1996 deveria ser "o ano da tolerância". Será mesmo verdade?

Tolerância, por acaso, não significa o mesmo que "resignação"? Será que essa palavra não revela algum tipo de aceitação conformista, imposta pelas circunstâncias? Qual a primeira imagem que nos vem à mente quando afirmamos que uma pessoa ou uma equipe de futebol é "tolerável"? Não parece algo como "que remédio... se não é possível o melhor"? Tatiana Belink (1996, p.53), em um excelente texto, já refletia sobre a falácia desse substantivo, dizendo que não gostaria de ser "tolerada" pelos outros. Eu também não! E você? Além disso, ensinar os alunos a serem tolerantes não os induziria a aceitar todos os demais, inclusive os escravistas, sexistas, fanáticos, torturadores, hipócritas?

Acredito sinceramente que toda educação moral deva trabalhar a "aceitação" do outro, mas não a tolerância. Aliás, a "aceitação" fundamentada em diferenças que respeitem integralmente a também aceitação desse outro por você e por seus valores. É claro que não se trata da lei do "olho por olho, dente por dente", algo como "aceito se você me aceita", e sim a compreensão de que existem valores cruciais na humanidade e de que sua ausência neste ou naquele indivíduo, neste ou naquele grupo, não pode admitir que sejam aceitos e, menos ainda, que sejam tolerados. Se se quiser falar de um princípio moral para essa aceitação restrita, que seja o princípio de que devemos aceitar todos os outros, desde que seus valores sejam hierarquizados pela certeza de desejar e fazer aos demais o que a si próprio almeja.

Porém, caso seja possível aceitar a coerência dessas idéias, fica a questão: se não se trabalha "tolerância" em aula, qual substantivo deve ser colocado em seu lugar?

Talvez a resposta deva ser "diferença". Devemos mostrar que a grandeza e a dignidade da pessoa destacam-se pela maneira como "aceita" as diferenças, desde que estas respeitem o princípio antes enunciado. Ao substituir a idéia do "tolerável" e de suas razoáveis restrições pela idéia de que há "diferenças" entre pessoas e grupos, demonstra-se que o encanto da vida e o sabor da sabedoria residem justamente nessa admirável divergência que são as diferenças de cores, de espécies, de tipos, de paisagens e, naturalmente, de idéias e conceitos.

Trabalhar as "diferenças" e mostrar que algo que não é igual ao que somos ou ao que pensamos não significa algo errado: é enfatizar que línguas diferentes não se hierarquizam umas sobre as outras, as nações diferentes menos ainda, e pessoas diferentes fazem de sua descoberta e de seu reconhecimento a alegria de viver. Já imaginou a "chatice" de um mundo inteiramente igual? Mas como trabalhar essa identidade moral?

Nas aulas de matemática, história, línguas, geografia, educação física, artes, ciências... em todo o currículo e em todas as oportunidades. Acaso o número três não é "diferente" do nove e, mesmo assim, igualmente importante em uma equação? Será que o Renascimento não foi "diferente" da Revolução Francesa, ou a Mata Atlântica não é "diferente" do Cerrado? A diferença, se bem trabalhada, é caminho para mostrar que negros e brancos, homens e mulheres, ricos e pobres, crianças e adultos são apenas detalhes que não escondem a igualdade de direitos e a plenitude de oportunidades. Na verdade, quem aprende toda a magnitude que as diferenças abrigam acaba esquecendo qualquer forma de exclusão. Excluir, é bom que se lembre, começa com a perversidade e a tolice do "diferenciar".

Um novo tipo de inclusão

O discurso da inclusão parece ter invadido todos os recantos da escola brasileira. Não importa o local, nem a série ou ciclo do estudante; transformou-se em verdadeiro modismo pregar a inclusão. Nunca se falou tanto como agora na importância de superar barreiras, vencer preconceitos e incluir alunos com dificuldades específicas em ambientes antes reservados para o que se convencionava chamar "classes normais".*

É bom que seja assim e é até lamentável que tenhamos levado tanto tempo para despertar esse sentimento de compreensão e de solidariedade. Não é possível criar objeções formais à idéia da inclusão, desde que ela seja precedida de um conveniente preparo do aluno, do professor e da família. Incluir apenas por incluir significa forma acintosa de mais fortemente segregar, de mais violentamente excluir. Portanto, não estamos discutindo nesta crônica a essência dessa idéia nem a grandeza dos sentimentos de empatia e de solidariedade que a envolvem.

O fato que queremos realçar aqui não é a inclusão de alunos portadores de disfunções ou de dificuldades específicas, mas a inclusão do aluno comum, a verdadeira e corajosa inclusão daqueles que acreditamos erroneamente que já estejam incluídos. Quando um professor ministra uma aula para uma classe acreditando ingenuamente que seus alunos podem ser iguais, na medida em que não são portadores de deficiências específicas, na verdade está praticando uma acintosa exclusão. É possível acreditar que, em uma turma de 40 alunos, *todos* possam ser iguais na condição do aprender? É possível pensar que alunos que comem de maneira diferente, brincam de maneira diferente, agem de maneira diferente e são essencialmente diferentes em sua fala e na plenitude de seu "ser" podem ser iguais em sua maneira de aprender? Não se constituiria em maldosa falácia acreditarmos em uma igualdade que não existe?

Questiona-se com energia a exclusão dos "diferentes", mas será que existe verdadeiramente "igualdade" nos que tendemos a afirmar como iguais? Não estariam nossos professores e, principalmente, nossos alunos sendo encorajados a ignorar que são diferentes de seus colegas? Será que diferenças sensíveis de classes sociais, raça, religião, idade, gênero e valores não implicam uma inevitável diferença no sucesso da aprendizagem? Será que inconscientemente não estamos buscando, com venda nos olhos e na alma, uma homogeneidade que é impossível existir?

Não nos parece ser difícil acreditar que tais argumentos sejam lógicos. Realmente, um manto de mentira homogeneiza o que nada tem de homogêneo, tornando-se essencial buscar meios e caminhos para se inventar uma pedagogia das diferenças que contemple alunos desiguais com formas desiguais de aprender e que os avalie, pelo que aprenderam significativamente. Mas como isso seria possível?

Podemos pensar em criar uma escola que faça do reconhecimento das diversidades uma estratégia para uma nova aprendizagem. Uma aula que inspire a troca entre os alunos, que confronte modos desiguais de pensamento, que busque metodologias interativas, que desenvolva jogos operatórios nas quais as diferenças compartilham a busca do todo são estratégias para se construir um aluno inteiro e para respeitar toda a dignidade dos diferentes.

Esta não é uma missão impossível, e sim um desafio superável. É uma questão de pensar e de querer. Querer pensar. Retornaremos ao tema da pedagogia interativa na próxima crônica.

Nota

* É importante realçar que o tema da inclusão ganhou destaque sobretudo a partir da promulgação da Lei de Diretrizes e Bases da Educação Nacional, que trata da Educação Especial em seu Capítulo V. Nesse capítulo, o art. 58 define a Educação Especial como sendo a modalidade de educação escolar oferecida preferencialmente na rede regular de ensino para educandos portadores de necessidades especiais, estabelecendo:

    1) Haverá, quando necessário, serviços de apoio especializado, na escola regular, para atender às peculiaridades da clientela de educação especial.
    2) O atendimento educacional será feito em classes, escolas ou serviços especializados, sempre que, em função das condições específicas dos alunos, não for possível a sua integração nas classes comuns de ensino regular.
    3) A oferta de educação especial, dever constitucional do Estado, tem início na faixa de zero a seis anos, durante a educação infantil.

    No entanto, o conceito de Educação Especial já havia sido tratado nessa mesma lei no art. 4°, III:
    O alunado de Educação Especial pode ser assim classificado, genericamente falando:
    • Portadores de Deficiência (mental, física, auditiva, visual, múltipla).

- Portadores de Condutas Típicas (comportamentos típicos de portadores de síndromes e quadros psicológicos, neurológicos ou psiquiátricos com repercussão sobre o desenvolvimento e comprometimento no relacionamento social).
- Criança de Alto Risco (aquelas que têm o desenvolvimento fragilizado em decorrência de fatores como: gestação inadequada, alimentação imprópria, nascimento prematuro, etc.).
- Portadores de Altas Habilidades (também chamadas de superdotados; são aquelas crianças que exibem elevada potencialidade em aspectos como: capacidade intelectual geral; aptidão acadêmica específica; capacidade criativa e produtiva; alta performance em liderança; elevada capacidade psicomotora; talento especial para artes).

A lei determina que as crianças e os adolescentes com direito a um atendimento educacional especializado podem dispor de uma aprendizagem em *classes normais*, ao lado das demais crianças, evitando-se, assim, qualquer modalidade de exclusão.

Em inúmeros países, como Itália e Canadá, já se trabalha há muito tempo com o conceito de "escola inclusiva", isto é, estabelecimentos de ensino normais que contam com um programa especial para crianças com necessidades especiais, uma vez que vários estudos comprovam que elas podem efetivamente aprender e rendem bem mais quando convivem com crianças normais.

Por uma pedagogia interativa

Na crônica anterior, tecemos comentários sobre a falácia da inclusão de alunos que não se acreditava ser necessário incluir. Procuramos mostrar que pessoas que falam, sonham, comem, jogam, andam e pensam de forma diferente não podem sofrer o castigo da homogeneização e precisam ser acolhidas por uma pedagogia interativa. Além disso, precisam de professores que, aceitando suas diferenças pessoais e mentais, busquem caminhos para, em uma mesma sala de aula, praticar uma verdadeira "pedagogia interativa". Essa observação, é evidente, suscita uma questão: como seria essa "pedagogia interativa"?

A nosso ver, essa pedagogia que clama pela verdadeira inclusão dos aparentemente incluídos deveria afastar-se radicalmente de esquemas de ensino inspirados na falácia de que todo saber emana do professor e, através de seu discurso, chega aos alunos.

Se aceitarmos que a mente humana aprende como se preenche um copo vazio, que recebe de outro os saberes tal como o copo de verdade acolhe o vinho, nada mais pode ser pensado e a pedagogia interativa deve ficar guardada para os sonhadores. Ao superarmos essa barreira sobre como se constrói o saber, necessitamos imediatamente superar outra ainda maior, que é a crença de que o saber científico, filosófico ou artístico encontra-se compartimentalizado e, dessa maneira, pode ser dividido em capítulos estanques, unidades distintas e matérias isoladas. Todo programa didático cujo conteúdo esteja "pronto" nos livros – quando tem início o ano letivo, o professor já sabe que matéria apresentará em seu final – é sempre um programa "homogêneo", falso e enganoso para alunos diferentes como os que compõem todas as classes. Ao contrário, *o professor interativo sempre age como mediador entre os saberes da vida dos alunos, no momento de seu fomento, os saberes de sua disciplina, opondo-se, assim, a conteúdos previamente estabelecidos, transmitidos uniformemente para alunos desiguais.*

Além disso, esse mesmo professor deve criar em sala de aula um clima socioafetivo, inspirado em projetos de cooperação nos quais se compartilham saberes, se identificam pensamentos opostos e se constroem reequilíbrios a partir de desequilíbrios comuns. Em vez de professores "donos do conhecimento" e "proprietários do saber", a pedagogia interativa precisa de mestres que se disponham a formular questões, lançar desafios, propor problemas, discutir casos, não só provocando desequilíbrios, mas também mostrando que existem coisas a serem apreendidas e caminhos racionais nessa direção a serem trilhados.

Trabalhando nessa linha, o professor interativo descobrirá a imensa distância que separa o "avaliar" do "medir" e, assim, perceberá que os alunos possuem ritmos de aprendizagem necessariamente desiguais e precisam ser valorizados pelo que de fato "puderam" conquistar, e não pela utopia de um limite previamente traçado, como se todos pudessem ser iguais.

Quando esse professor já existe, ou por convicção quer construir-se, é então possível pensar que estamos desenvolvendo uma pedagogia verdadeiramente interativa e um ensino que, respeitando o aluno, exalta a diferença que os faz realmente humanos. Em síntese, é uma pedagogia essencial para se incluir os supostamente incluídos. A crônica seguinte, através de um exemplo concreto, apresenta uma interessante sugestão sobre esse tema.

Uma experiência criativa de educação moral

Não poucas obras salientam a importância e a relevância de se desenvolver atividades que possam educar moral e emocionalmente os alunos, mas infelizmente nem sempre propõem projetos transferíveis para o nosso cotidiano. Uma bela exceção é o capítulo produzido por Elizabet Dias de Sá e Mônica Maria Farid Rahme(2001), o qual trata de um projeto político de gestão pedagógica.

Abordando o racismo latente e as formas diversas de preconceitos entre alunos que, crescendo em favelas, demonstram excessiva agressividade, as autoras destacam um interessante trabalho realizado com alunos de duas escolas municipais, situadas na periferia de Belo Horizonte, que revelavam uma hostil rivalidade. Para trabalhar esse sentimento, desenvolveram intrigantes questões, ensaiaram diferentes esquemas de reflexão e, assessoradas pelos alunos e pela comunidade, definiram a produção de um vídeo. O enredo simulava uma reportagem sobre a luta armada entre dois exércitos, representando cada uma das escolas. Escolheram como cenário um campo de futebol próximo e confeccionaram com jornal, papelão e fita adesiva as fardas dos combatentes. Preocupados com as condições materiais locais e usando os mesmos recursos muitas vezes utilizados nas hostilidades reais, transformaram estilingues e mamonas, além de espadas de papelão, em armas. Durante o desenvolvimento do enredo, um aluno representa um correspondente de guerra fazendo a cobertura jornalística com todos os riscos que a envolvia. Bombas com bolas de ar preenchida são atiradas aqui e ali, até que um dos soldados lança ao ar mais uma bomba. Esta, ao cair no chão, transforma-se em uma bola, e a guerra termina em animado jogo de futebol.

Atividades como essas abrem espaços admiráveis para se trabalhar a questão da violência, desconstruindo uma cultura hostil com a inversão do desfecho. Pelo que se presume, não houve discursos vigorosos, pesadas lições verbais sobre moralismo e, menos ainda, repreensões e castigos. Ao contrário, as escolas e os alunos não foram culpabilizados em nenhum momento, mas procurou-se mostrar com o exemplo que a violência pode ser um objeto da construção de conhecimentos, uma contextualização de fatos refletidos em ações ensaiadas pelos alunos e um excelente recurso para posicionamentos e abertura de espaço para idéias e propostas em busca de caminhos.

O exemplo é magnífico, nem seria necessário afirmar. A educação moral e, com ela, a educação das emoções, não pode herdar a estratégia da aula expositiva, muito usada para se transmitir informações. Embora esse ainda seja o meio mais usado, também é o mais ineficiente. Jogos operatórios, ações cooperativas, simulações, estudos de caso e dramatizações representam a forma mais clara de se apresentar temas para discussão de conteúdos morais. É evidente que apresentações dessa natureza não podem esgotar-se apenas com a passiva observação dos alunos. Ao contrário, essa abordagem dos temas morais é apenas início de uma estratégia que se completará com debates, coleta de informações, preparação de painéis e uma série de outros recursos. A atitude passiva e sonolenta do aluno diante de um inútil discurso moralista não pode ser apenas substituída por uma participação menos monótona, ainda que passiva. Ao se concluir a etapa ou fase de apresentação, é essencial que se inicie uma outra, bem mais fértil e significativa, de discussões, reflexões, debates, propostas, projetos e idéias em que o professor ocupe um papel de condutor das discussões e encaminhador dessas iniciativas.

Habituados a expor, transformados por uma visão educacional retrógrada em "donos da verdade", os professores nem sempre percebem que seu verdadeiro e insubstituível papel na educabilidade moral centra-se bem mais em seus atos que em suas palavras, em seus exemplos cotidianos que em suas correções, na sabedoria do silêncio de quem sabe ouvir e refletir que na presunção arrogante e tola de todo moralismo discursivo. A crônica a seguir retomará esse tema.

É possível ensinar cidadania?

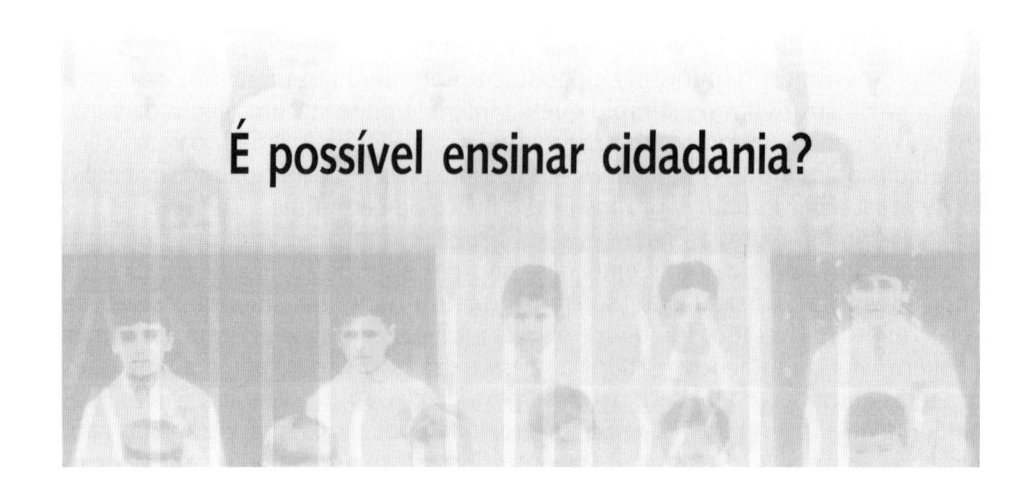

Não apenas é possível, como também é fundamental que o façamos. Porém ensinar cidadania não é receita que se passa, conteúdo que se transmite verbalmente, conselho que se acredita compreendido.

Quase sempre, quando ensinamos um conceito científico ou descrevemos um fato social e solicitamos ao aluno que o contextualize à sua realidade, atribuindo-lhe significado próprio, podemos avaliar a conquista desse conceito e guardar a certeza se foi o mesmo aprendido ou não. Se ensinamos cidadania, temos que aceitar os limites de uma difícil avaliação e jamais teremos a certeza de que essa missão foi cumprida. Um conceito vivenciado pode ser argüido, cobrado em prova, observado em conversa; quando uma ação cidadã se manifesta – se é que um dia se manifesta –, raramente estaremos por perto e sequer poderemos pensar que o papel do professor está presente no gesto que se vê.

Mas como podemos ensinar cidadania? Podemos ensiná-la através de nossos exemplos solidários, através de nossa atenção igualmente distribuída a quem nos quer – ou não – bem. Cidadania se ensina com comportamentos justos, avaliações íntegras, relações plurais, regras consensuadas. Cidadania se verifica na análise de notícias e no garimpo de fatos da mídia, em que se demonstra a solidariedade ou sua ausência, a consciência do grupo ou o privilégio do egoísmo. Cidadania se edifica quando se propõe trabalhos em equipe para fortalecer a solidariedade, estimular a ajuda, compartilhar os saberes. Cidadania se concretiza quando se anima o voluntariado e quando os que mais sabem dividem com os que mais querem saber. Cidadania se mostra quando se exalta o exemplo da amizade, a lição presente no verdadeiro companheirismo, a prestatividade de ajudar porque se descobre nos anseios do outro os próprios sentimentos.

Desse modo, existem inúmeros meios para o ensino da cidadania e a eles é possível acrescentar o exercício que propomos. Escolha um aluno ao acaso. Destaque-o da classe, chame-o à frente e, primeiro, estimule os colegas a perceberem nesse aluno "o indivíduo". Componha, com a intermediação de todos, sua descrição, seu jeito, suas características particulares, seu "retrato" inconfundível. Mostre que esse aluno pode ser "átomo", criatura peculiar e indivisível, posto que não existe outro exatamente igual a ele. Após destacar esse exemplo de indivíduo, elabore junto com a classe outra construção e, com esse mesmo aluno, componha a estrutura de sua "pessoa". Mostre que, em sua fala, em sua roupa, em seus sonhos, em seus saberes, em suas idéias e em suas crenças, em suas dúvidas e em suas certezas, em seus objetos pessoais e em sua felicidade, existe uma multidão. Como indivíduo, esse aluno pertence a si mesmo; como pessoa, pertence à sua família, ao seu bairro, à sua escola e ao seu mundo. O mundo vive sem ele; ele não vive sem o mundo.

Após esse pequeno exercício dicotômico, não será difícil mostrar que existe um "indivíduo", mas indissoluvelmente ligado a ele existe também uma "pessoa", e essa idéia inclui a de cidadão ou cidadã, posto que possuem interesses pessoais e coletivos, necessidades individuais e sociais. As necessidades sociais sempre se relacionam aos direitos e deveres inerentes à idéia de solidariedade, de articulação plena entre o indivíduo e a pessoa, entre o "eu" e os "outros".

Dessa ação, parta para discussões mais amplas, participações mais acaloradas, para as quais os alunos trarão casos e exemplos, fatos e relatos de ação solidária. Peça exemplos, sugira desafios – por exemplo, a mesa pesada trazida por apenas um ou carregada por muitas mãos – e proponha debates.

Faça nascer, devagar, a idéia de um projeto de ação solidária. Não esqueça, porém, que essa idéia deve surgir como se não tivesse proprietário exclusivo. Vale até fazer de conta que as coisas aconteceram sem sua verdadeira intenção. Para alguns subsídios mais sólidos, vale a pena conhecer os trabalhos desenvolvidos nos Estados Unidos sobre a educação do caráter, tema abordado na próxima crônica.

É possível a educação do caráter?

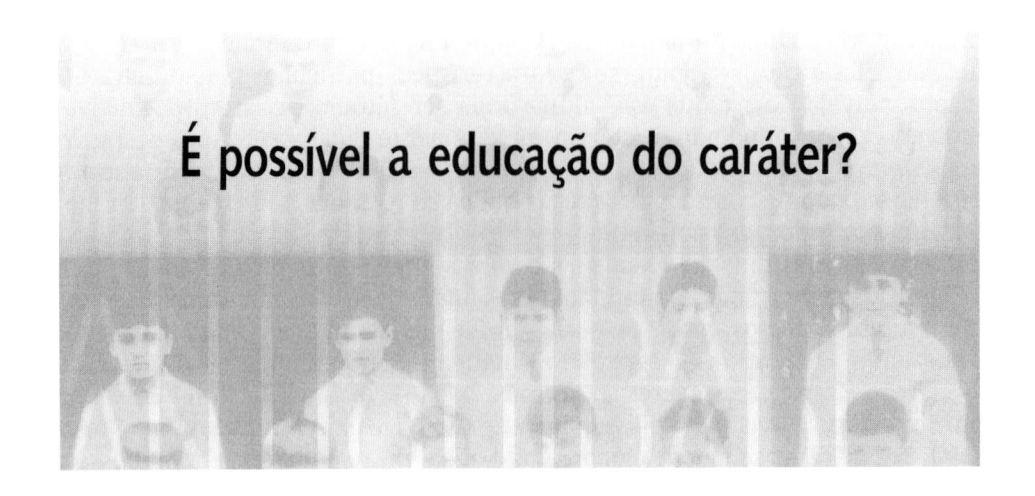

Procuremos em um dicionário escolar a definição do vocábulo "caráter". Descobriremos que significa "um conjunto de traços psicológicos do indivíduo, sua índole". Procuremos depois em um livro escolar de biologia e descobriremos que "o caráter de uma pessoa não constitui produto de sua carga genética, sua herança biológica" Concluiremos, então, que o caráter de uma pessoa adulta é determinado pelas relações que desenvolveu, pelas muitas "escolas" que a vida propiciou-lhe. Descobrimos também que o caráter é educável, e surge a pergunta: quem avançou sobre esse tema?

Entre os mais antigos, sem dúvida, Aristóteles foi quem mais se destacou; entre os contemporâneos mais reconhecidos, situam-se os educadores norte-americanos Kevin Ryan e Thomas Lickona, os quais consideram que a principal finalidade da educação é ensinar a compreender e apreciar o bem e, assim, preparar o caráter. Além disso, acreditam que o supremo bem é a felicidade e crêem que a escola deve ser a instituição voltada para esse fim.

Reiteram que, através do *treino*, do *hábito* e do *contato com bons exemplos*, contextualizados na vida coletiva, pode chegar-se a uma educação que leva todos a agir com prudência, respeitar os outros, ser responsável com o patrimônio coletivo e com as pessoas, cumprir as obrigações, valorizar atitudes de cortesia, saber escolher e agir com moderação, ser criativo e trabalhador, saber adiar a ansiedade pelas gratificações materiais ou não. Para esses autores, uma escola sem essa finalidade não merece o nome que tem; ao contrário, aquelas que desenvolvem o modelo curricular proposto não apenas buscam educar o caráter, como também fazem das atividades voluntárias uma ação obrigatória para todo aluno. Cabe-lhe o direito de escolher em que projeto voluntário se incluirá, jamais a opção de se incluir ou não. Nas escolas envolvidas nesse modelo, muitas delas situadas em Chicago, percebe-se o respeito pelas relações de cortesia, o estímulo à prestatividade, a seriedade com que as regras devem ser cumpridas e o entusiasmo que nasce do desejo de cooperar com os demais.

As aulas são estruturadas em três linhas, devendo sempre se apoiar na leitura e na discussão de grandes obras literárias e filosóficas, no exemplo dos professores – rigorosamente selecionados – e no clima de moralidade, presente na sala de aula e no ambiente da escola. Três "Es" estão presentes em todo o ambiente escolar e são enfatizados em todas as ações: "exemplo", "envolvimento" e "encorajamento".

Para tornar mais fácil a atuação do professor, Likcona (1991) desenvolveu um programa educativo constituído de 12 estratégias com vistas a desenvolver nos alunos a compreensão e o sentimento de valor pelo *respeito* e pela *responsabilidade*, alicerces essenciais do bom caráter. As três últimas estratégias visam ao uso fora da sala de aula.

Com elas, Lickona acredita ser possível ajudar todo aluno a alcançar os três elementos que caracterizam o caráter formado: 1) o *conhecimento moral* conquistado por meio da reflexão, da compreensão, da formulação de juízos morais e da capacidade de decisão; 2) o *sentimento moral* advindo da consciência, da auto-estima, da empatia, do afeto, da autodisciplina e da humildade e 3) a *ação moral* fortalecida pela vontade e pelo hábito, a qual aprende por meio da competência.

O quadro a seguir sintetiza o programa educativo das 12 estratégias proposto por Lickona.

Estratégias para a sala de aula

Número	O que se pretende	Como se procura agir
1.	Honestidade e integridade	O professor deve tratar os alunos com carinho e respeito, assumindo-se como exemplo e mantendo-se coerente com as regras estabelecidas, jamais fechando os olhos para comportamentos inadequados, mas corrigindo-os com serenidade, calma e persistência.
2.	Acolhimento	O aluno deve identificar sua sala de aula como uma comunidade que se assemelha a muitas outras com as quais conviverá, onde todos se cuidam e se preocupam com o bem-estar dos outros.
3.	Autodisciplina e conduta moral	O código de conduta não se impõe verticalmente; ao contrário, é essencialmente horizontal e suas regras são meios para desenvolver a moralidade, comparando-se a outras regras vigentes fora da realidade escolar.
4.	Sentimento de democracia e de lealdade	A sala de aula é organizada democraticamente, de modo a permitir a participação de todos na tomada de decisões e no uso da palavra. Os temas discutidos propiciam a pesquisa positiva e a ação solidária.

continua

Continuação

Número	O que se pretende	Como se procura agir
5.	Educação em valores	O programa de todas as disciplinas está impregnado de valores, intensivamente discutidos pela equipe docente. Esses valores visam a desenvolver o caráter dos alunos, bem como o sentimento de lealdade, respeito e responsabilidade.
6.	Cooperação, solidariedade e justiça	Não existe o ensino em que o aluno necessita ouvir e concordar, e sim o uso freqüente de estratégias cooperativas, de trabalho em grupo, de modo que todos os alunos incorporem o hábito da ajuda mútua e percebam que os desafios somente podem ser vencidos com a solidariedade e a humildade.
7.	Clima de responsabilidade, de afetividade e de preocupação com os outros	As atividades voluntárias não se inserem como "apêndices" às atividades dos alunos; ao contrário, incorporam-se ao trabalho da sala de aula e ao "clima" de toda a escola. O trabalho bem-feito induz os alunos a darem o melhor de si em todos os projetos.
8.	Reflexão sobre a ética e o sentimento de civismo autêntico	Em todas as disciplinas, existem desafios que propõem o uso freqüente da reflexão sobre a moral, através da leitura e da discussão de obras literárias e filosóficas.
9.	Resolução de conflitos	Os conflitos – não apenas os que emergem das relações interpessoais na escola, mas também os que se insinuam na história e no cotidiano retratado pela mídia – são sempre debatidos democraticamente e resolvidos através da reflexão que sempre repudia a violência e a intimidação.

Estratégias para todos os espaços da escola

Número	O que se pretende	Como se procura agir
1.	Envolvimento de todos os alunos em projetos comunitários de voluntariado social	A escola procura mostrar-se acolhedora e procura estimular um ambiente onde todos se respeitam e se preocupam com os outros. Existe uma busca de ações solidárias e a exortação desse modelo.
2.	Clima de condutas morais nas relações humanas e com a comunidade em que vive e aprende a conviver	O código de conduta vale para a sala de aula e para a escola, mas inspira modelos pessoais a fim de que o aluno aprenda a praticar a solidariedade, a estabelecer metas e a buscar alcançá-las.
3.	Empenho dos pais em atuarem como parceiros da equipe docente e administrativa da escola	Os pais devem não apenas aderir aos valores propostos, mas também se esforçar para praticá-los, junto com seus filhos, em todas as suas dimensões.

O modelo de educação do caráter não recebe unânime aprovação. Mesmo nos Estados Unidos, é acusado por alguns críticos de desvalorizar o desenvolvimento da reflexão moral, substituindo-a por um moralismo conformista, conquistado por meio da execução de regras. Segundo esses críticos, o modelo não estimula a autonomia moral e acaba sendo incorporado pelo aluno mais como uma embalagem que se agrega à ação do que como um sentimento autônomo. Entretanto, representa um fundamento novo de educabilidade para a escola e uma sugestão de estratégias para os educadores. Avaliar seus resultados por meio da ação cooperativa de seus ex-alunos é sempre difícil. Muitos garantem que a escola, mais que régua e compasso, permitiu-lhes viabilizar a construção da felicidade e seguem serenos em sua conquista.

Essa avaliação, por sua vez, também não é unânime. Mas como observar as marcas de uma escola na vida adulta se a ela chegamos passando por muitas outras escolas? A família, o clube, a rua, a igreja também não são escolas pelas quais se passa?

A próxima crônica explora as prerrogativas dessas dúvidas.

A avaliação do afeto

Não são poucas as contradições que envolvem a escola dos novos tempos.
Uma delas é a imperiosa e inadiável necessidade de se *trabalhar as emoções* e permitir que os sentimentos ingressem no espaço da sala de aula. A outra é sobre *como avaliar as emoções*. Trabalhar emoções é possível se abdicarmos da crença de que esse tema possa ser tratado como as capitanias hereditárias ou o máximo divisor comum e abrirmos espaços no horário escolar para que os alunos reflitam sobre "casos", opinem sobre sentimentos, troquem valores sobre as emoções, percebendo que a empatia, a solidariedade, a ternura, a alegria e a espontaneidade podem transformar-se em ações coletivas e não dependem de aspectos particularizados da conduta ou da programação genética de uma pessoa. Trabalhar as emoções torna-se viável quando sentimos a possibilidade de elaborar um projeto com esse fim e substituir o improviso de um conselho dado, pela rotina de buscar objetivos e caminhos para que nossos alunos saibam como expressar sua emoções, administrar seus estados de humor, construir empatia pelo estado emocional do outro, saber motivar-se e exercitar suas habilidades sociais.

Contudo, se para trabalhar as emoções existem caminhos, estes não são inteiramente válidos para *avaliar* o que se conquistou.

A avaliação da conquista afetiva é extremamente difícil e parece jamais se desprender de uma subjetividade que, para qualquer tipo de avaliação, é sempre um problema. Além disso, a avaliação da conquista afetiva pode resvalar pelo risco da invasão da privacidade do aluno e do seu incontestável direito ao silêncio, como pode jamais se libertar da eventualidade de se exercer uma vigilância comportamental sobre tudo o que o aluno faz ou pensa, age ou inventa. Devemos ter cuidado para não desvestirmos o manto de educador e, inconscientemente, assumirmos a postura fundamentalista de um "grande irmão" que aconselha e impõe. É possível que, ansiosos por acertar, venhamos involuntariamente incluir, entre as "conquistas emocionais" desejáveis, atitudes positivas em relação à disciplina, à subserviência, à hipocrisia e, por conseguinte, à mentira.

Avaliar as emoções representa jamais confundir o aluno com o seu ato. Se recriminações mostrarem-se imprescindíveis, devem ser dirigidas ao que se fez, jamais a quem as fez. Um bom avaliador de emoções é aquele que, indiscriminadamente, ama todo ser humano, ainda que com clareza e veemência reprove condutas e procedimentos inadequados.

Essa afirmação pode parecer um simples exercício de retórica, mas na verdade não é. Quem odeia uma pessoa a detesta por "quem é" e a detestará sempre, posto que sempre será essa pessoa; se reprova um gesto, descobre como reconhecer na ausência do gesto a dignidade da pessoa.

Um projeto para refletir sobre valores morais

Os alunos da 8ª série foram avisados de que, ao entrarem na escola no dia seguinte, receberiam um pequeno pedaço de papel dobrado. Alguns receberiam folhas verdes, outros, folhas azuis. Nas primeiras, estaria escrita a primeira parte de um provérbio popular e conhecido: nas segundas, a parte complementar. Por exemplo do mesmo provérbio: (folha verde) "Quem tudo quer..." (folha azul)"... tudo perde"; (folha verde) "De grão em grão...", (folha azul)"... a galinha enche o papo", e assim por diante.

Mais de 30 provérbios populares foram propostos pela equipe docente envolvida. Durante o recreio, os alunos deveriam descobrir "seu par", formando o provérbio completo. Foram orientados de que essa atividade fazia parte de um projeto denominado "Reflexão sobre Valores" e de que as etapas posteriores seriam apresentadas mais adiante.

Quando entraram na escola no dia seguinte, um funcionário ou aluno de outra série voluntário fez a entrega dos papéis. A busca do parceiro para que cada dupla de alunos conquistasse a concretização do provérbio representava um primeiro passo de socialização, levando-os a conversarem, debaterem, pesquisarem, enfim, buscarem "sua outra metade". O projeto estava apenas começando.

Naquela mesma manhã, após o intervalo, as aulas regulares não foram ministradas, e os professores, com suas respectivas turmas, passaram a trabalhar os provérbios completados, desenvolvendo duas etapas distintas.

A primeira etapa não analisava especificamente nenhum dos provérbios, embora pudesse valer-se de um ou de outro como exemplo, mas propunha debates e troca de opiniões sobre a validade atual ou não dessa magnífica síntese moral que os provérbios populares abrigam. Seriam essas afirmações verdadeiras? Não representariam, por acaso, uma "moral" restrita a uma época e, portanto, de validade discutível nos dias atuais? Que outro "sentido" seria possível atribuir a esses provérbios? Quem se pautasse por eles teria uma vida digna, uma postura moral, um comportamento ético? É evidente que nenhum professor, no desenvolvimento dessa etapa, proporia uma "aula expositiva", dando a "sua versão" a essas questões, mas colocando-as como meio de reflexão, estímulo a opiniões, instrumento de pontos de vista diferentes.

Na etapa seguinte, uma ou duas aulas após, porém no mesmo dia, iniciou-se uma discussão sobre o valor específico de alguns dos provérbios que os alunos selecionaram. Por exemplo: "De grão em grão a galinha enche o papo" vale apenas para dinheiro? Também não valeria para saberes? Na primeira situação, até que ponto "poupar" é ou não um valor? Em que aspecto o tema transversal "trabalho e consumo" poderia insinuar-se no contexto desse provérbio? Que provérbios novos e originais os alunos poderiam elaborar para valores éticos de suas relações interpessoais e de seu meio?

Concluída a etapa dos debates, os alunos foram divididos em grupos para organizarem um "documento escrito" sobre o tema, relacionando conclusões, visões críticas, análises e sínteses. Alguns alunos foram convidados a apresentar suas conclusões a outras classes e outros deveriam desenvolvê-las através de outras linguagens. Dessa forma, além do texto, foram elaborados poemas, trovas, desenhos, caricaturas, pinturas, paródias musicais, cenas mímicas e, para que o tema fosse trabalhado com alunos menores, um grupo resolveu construir jogos de armar e de montar, inspirados no fundamento desse exercício. Os pais foram convidados para uma apresentação sobre as conclusões dos trabalhos e uma discussão entusiasmada sobre esses valores, segundo pontos de vista de adultos "fora" da comunidade escolar.

A organização desse projeto abrigou todas suas fases, destacando-se a *abertura*, quando a equipe docente discutiu os objetivos da atividade, os recursos e meios necessários e sua contextualização na realidade e no "clima" da escola; o *trabalho propriamente dito*, desde sua organização prévia até sua eclosão no pátio e na sala de aula, e sua *apresentação* através de diferentes linguagens. Discutiu-se também a "retomada" das conclusões tempos depois e sua inclusão em capítulos específicos de cada disciplina. Uma avaliação da maneira como os alunos sentiram-se no desenvolvimento das atividades também abriu perspectivas para se refletir sobre expectativas, sonhos, anseios, frustrações. Nada extraordinariamente difícil, tudo indiscutivelmente valioso. E, por falar em frustrações, é por esse tema que a crônica seguinte avança.

A frustração como ferramenta da educação moral

"Como devo fazer para que meu filho ou meu aluno não fique frustrado com uma nota baixa, com uma decepção qualquer?"

Não procure, em primeira instância, tentar "apagar" a frustração, fazer de conta que o ocorrido não aconteceu. A frustração é um sentimento legítimo e, ao longo da vida, com amarga insistência, encontra-nos, mais ou menos, intensamente. Frustramo-nos quando não perdemos o peso pretendido, não temos a acolhida esperada, não recebemos o convite desejado e, para paranóicos pelo futebol como eu, até quando o time que jamais ganha insiste em perder. Podemos realmente desejar que o filho querido e o aluno estimado não fiquem frustrados, mas esse desejo é sempre uma quimera inalcançável, uma utopia inútil. Relevante é *educarmos nossos filhos e nossos alunos para fazer da frustração uma aprendizagem comportamental,* um capítulo de sua educação moral.

Esse trabalho, que pode ser concretizado pela orientação pedagógica ou pelo professor designado entre os elementos da equipe docente, deve levar em conta quatro passos essenciais:

1) Em primeiro lugar, *legitimar a frustração,* ou seja, mostrar que é um sentimento verdadeiro, que aborrece, mas que é elemento da vida e essência dos sonhos. Quem na vida não se frustra jamais espera, nunca ama e robotiza-se em um existir metálico, insosso, sem graça. Os que jamais esperam, evidentemente, jamais alcançam. Tal como uma pancada na testa que dói muito e que exige gelo imediato, os "traumatismos" emocionais também necessitam de um olhar que compreenda, de uma empatia que ouça e de palavras que mostrem que o inevitável é simplesmente inevitável e dêem ao problema o

tamanho exato de sua dimensão. Muitas vezes, a criança frustrada visualiza erroneamente o efeito desse sentimento, tornando-o bem mais crucial que na verdade o é. Nessas horas, ela requer uma presença amiga, que lhe mostre outra alternativa para esse modo de perceber. Não se trata de "consolar", fazendo de conta que a frustração não aconteceu, mas de "aconselhar", mostrando que tropeços são inevitáveis em todo caminhar.

2) Um segundo passo da educabilidade emocional ajudada por frustrações surge quando nos *disponibilizamos a ouvir com empatia*. Quando aceitamos a renúncia de uns minutos que se deseja para outra coisa, ao nos colocarmos como ouvinte atento que talvez tenha pouco a dizer, mas muito a escutar. Em outras palavras, uma verdadeira "compressa" contra a frustração é o sentimento de empatia que se exercita ouvindo com paciência e mostrando a solidariedade na compreensão. Quase toda criança frustrada é envolvida por uma amarga sensação de isolamento e solidão, a qual diminui quando mostramos que o seu desapontamento é compreendido por quem a ouve com ternura.

3) Um terceiro passo é a *ajuda para que o aluno apreenda a se auto-avaliar*. Não se trata do simplismo prosaico do "jogo do contente", mas de uma cooperação na elaboração consciente de um roteiro entre o que se esperava e o que, de fato, se alcançou. Houve um real dimensionamento da potencialidade do que se buscou? O aluno aprendeu a se auto-avaliar? Não seria sua frustração ocasionada por não alcançar um sonho inalcançável diante do potencial disponível? Se não se aprende a planejar, não se aprende a esperar. Se se coloca a felicidade mais alta que o alcance das mãos, é essencial que se aprenda a "baixar a prateleira" e eliminar frustrações fantasiosas ou buscas inacessíveis.

4) Um último passo nessa síntese seria *ensinar o aluno a planejar*, ajudá-lo a buscar, no caminho à frente, desafios efetivamente válidos, conquistas realmente significativas. Fazê-lo descobrir o que tem de melhor e como essa qualidade pode ser "o fermento" para os planos que fará. Em síntese, mostrar que, na maior parte das vezes, a frustração pode ser como os passos de recuo de quem realmente busca impulso para saltar.

Tornando o sentimento legítimo, ouvindo com empatia, ajudando o filho ou o aluno a se auto-avaliar e a planejar, estamos fazendo, do que parece ser uma dor, um exercício excelente para se pensar com autonomia e para se viver melhor.

O PROFESSOR

Pode parecer estranho um capítulo específico sobre o professor em um livro que discute a aula, a aprendizagem, o quadro-negro e o caderno, bem como a educabilidade moral e a inclusão. Não estariam todos esses temas relacionados ao professor? Não seria ele o personagem central da aula, a figura mais nítida de uma verdadeira aprendizagem, o mentor da educação moral e o condutor de quadros-negros e cadernos como meios de aprendizagem?

Sem dúvida, é desnecessário um capítulo específico quando todos, em todas as suas linhas, descrevem e relatam a figura extraordinária e insubstituível do professor. Porém o que se apresentará nas próximas crônicas será bem menos a ação do mestre e muito mais a figura de mestres que por seu exemplo magnífico moldaram as linhas que hoje se insinuam em nossas aulas, se manifestam na aprendizagem, se revelam nos quadros-negros e cadernos e se antecipam na educabilidade moral.

Este conjunto de crônicas fala de pessoas comuns de ontem nos ombros das quais os professores comuns de hoje se apóiam.

Imagem e identidade do professor

Toda pessoa possui uma *identidade*, constituída por uma característica única que a individualiza, que marca seu registro na memória de quem a conhece. Essa identidade compõe-se de elementos físicos, mas sobretudo da maneira como a pessoa sente, ama, vive, percebe e relaciona-se com as outras. A identidade modela-se com o tempo, altera-se com os anos, porém guarda uma certa essência e, para a maior parte dos indivíduos, simboliza um "certo jeito de ser" inconfundível que a destaca. Podemos e devemos trabalhar nossa identidade, com a consciência de que todo esse esforço traduz-se em um resultado parcial que a modela, mas que não a altera estruturalmente. É possível, enfim, mudar o jeito do olhar, ainda que permaneça a cor dos olhos.

Toda pessoa possui uma *imagem*. Essa imagem é o modo como se comunica, são as ações, as palavras e os gestos que emprega no exercício de uma profissão, no cumprimento de um papel, no empenho em uma missão. A pessoa pode imprimir elementos peculiares nessa tarefa, mas será sempre subserviente à própria imagem da missão. Embora possamos esculpir quase sem restrições nossa identidade, podemos apenas ajudar a modelar a imagem inerente ao trabalho que escolhemos. A identidade de um professor pode ser altruísta ou mesquinha, idealista ou vulgar; sua missão, entretanto, será sempre a de ensinar.

Todo aluno tem de seu professor uma identidade e uma imagem.

A *identidade* é percebida quase que rapidamente ao sabor de um primeiro contato. Alto ou baixo, gordo ou careca, calmo ou agitado, tímido ou extrovertido, a verdade é que, após algum tempo de convívio, todos os alunos carregam em suas lembranças a identidade de seus mestres. Gostam ou não gostam dessa identidade por muitas razões, às vezes até mesmo por condições inconscientes, como associar a identidade do mestre à daquele tio distante que admira ou à daquele personagem de um filme que detestou. Já com a *imagem* do professor é completamente diferente. A imagem sobrepõe-se ao indivíduo e estrutura-se na figura do profissional. A imagem de todo professor está sempre marcada pela idéia de ser ele aquele que "mostra caminhos", "propõe desafios", "sugere problemas", "intermedeia saberes". A identidade nasce com o indivíduo, com ele se transforma e com ele morre, constituindo essência singular; a imagem é inerente à pessoa e à profissão, transcendendo-as e sendo sempre plural. A imagem do professor de hoje jamais estará separada da do professor de ontem e, onde quer que viva, externará sempre a figura de um Anchieta que mostra um novo mundo, ou a figura doce daquela que um dia pegou em nossa mão para que melhor fixássemos a caneta.

Na sala de aula, dia após dia, podemos construir em nossos alunos a nossa identidade e, se esta for boa, por certo ficará em sua mente e será guardada por muitos e muitos anos. Em seus passos futuros e, talvez, em sua saudade, estará preservada a figura deste ou daquele professor, deste ou daquele mestre. Mas não nos iludamos: o tempo é inclemente e os novos fatos da vida chegam para apagar os que ficaram. Por isso, um dia, essa identidade se perderá.

É na mesma sala de aula que também edificamos em nossos alunos, passo após passo, ação após ação, mais um capítulo sobre a imagem do professor. Nosso papel, ao contrário do que ocorre com a identidade, será sempre parcial e se completará pelo papel exercido por outros que vieram antes e por todos aqueles que chegarão depois.

Não há como comparar a diferença entre a importância do professor na construção de sua identidade e de sua imagem junto a seus alunos. Uma é importante, mas perecível; pode adoçar nossa vaidade, mas será sempre efêmera. A outra é essencial, muitas vezes maior que nós mesmos, e permanente. A identidade pode abrigar a indecisão e a insegurança, a ousadia e o temor, pois afinal somos humanos e, como tal, um feixe de qualidades e defeitos que pela vida passa e a vida esquece. A imagem, ao contrário, jamais nos pertence, é algo como um guarda-pó que vestimos, como um fardão acadêmico que usamos e cujo tecido revela a essencialidade de se construir amanhãs, o desafio de mostrar caminhos, menos por quem o veste, mais pelo admirável papel e pela função do porquê veste. A identidade pode fraquejar; a imagem não. Na análise de dois casos fictícios, a crônica seguinte explora particularidades desse tema.

Um estudo de caso: Arnaldo e Ronaldo

Não apenas os nomes são parecidos. Ronaldo e Arnaldo são professores, trabalham na mesma escola e, em termos físicos, ostentam formas relativamente iguais. Não é raro serem confundidos e, embora não sejam parentes ou vizinhos, quem os confunde não se sente impelido a se desculpar, tal a semelhança. Contudo, essa identidade não vai além das aparências.

Arnaldo é um professor consciente, criativo e idealista. Sonha com uma educação melhor, elemento incontestável de um país mais forte, e busca fazer de seus sonhos uma trajetória para sua vida. Consciente de que grandes conquistas são obtidas pelos caminhos da conciliação, raramente briga com veemência por seus ideais, ainda que não se curve ao imperativo da força ou da prepotência. Sabe que a melhor maneira de calar a ostentação é a serenidade e que nada se inventou melhor que a paciência somada à perseverança como trunfos para conquistar, mais à frente, tudo o que no momento parece impossível. É o professor do consenso e busca seus sonhos pelos caminhos da sempre boa negociação.

Ronaldo é um professor displicente, amorfo, acomodado. Nada sonha além do domingo na praia ou das férias consumidas entre dormir e comer. Exerce seu ofício como exerceria outro qualquer, jamais pela liturgia do cargo e pela grandeza dos propósitos, e sim por ser mais confortável manter-se que sonhar. Sempre faz o menos possível, aquele menos contra o qual todos se rebelam, mas não acreditam o suficiente para advertência ou punição maior. Se reclamam de determinada conduta, de determinado palpite, não se acanha em mudar de opinião. Costuma pensar que, se tivesse, "daria um boi" para não entrar em polêmica e "uma boiada" para sair da mesma se, acidentalmente, nela entrasse.

Embora as condutas de Arnaldo e Ronaldo sejam sensivelmente diferentes no atacado, parecem iguais no varejo. Muitas vezes, uma conduta conciliadora não se parece com outra omissa? A paciência não pode ser eventualmente confundida com a indiferença? Serenidade, idealismo e persistência não revelam pontos iguais à alienação, à divagação e à omissão? Não é, pois, surpreendente que a um primeiro olhar possam confundir a calma de Arnaldo com a indiferença de Ronaldo. No entanto, se posturas de raízes tão divergentes mostram folhas de aparência semelhante, não é possível confundir o professor que se quer e do qual a nação necessita com outro que precisaria ser colocado distante da sala de aula, ausente da negativa influência que sua conduta certamente despertará em alguns alunos. É por essa razão que a educação não pode sobreviver com olhares superficiais e julgamentos precipitados.

Algo extremamente frágil separa a ação docente de Arnaldo da de Ronaldo; porém fragilidade não significa identidade. Por acaso não é frágil a diferença entre alegria e dor? Entre lembrança e saudade?

Você trabalha em uma grande ou pequena escola?

Quando essa questão é apresentada, a maior parte das respostas usa como referência a quantidade de alunos matriculados; assim, se a escola possui até 300 alunos, é considerada pequena; se possui de 300 a 1.000 e se abriga milhares de alunos, é considerada grande. Contudo, essa identificação é extremamente questionável e vale apenas para uma grandeza quantitativa que, bem o sabemos, é sempre ilusória. Existem escolas extraordinárias, verdadeiramente excepcionais, que seriam catalogadas com destaque em qualquer país do mundo, mas que, por isso mesmo, possuem poucos alunos; outras, a despeito do gigantismo de seus números e da estrutura correspondente, estão anos-luz distantes de serem consideradas escolas razoáveis.

Então, no sentido qualitativo, o que seria uma escola "grande"? Qual bússola, termômetro, fita métrica ou balança seria possível usar para qualificar uma escola, classificando-a como "boa"? A resposta a essa questão será sempre subjetiva, pois, reducionista como é, raramente se mostrará adequada a realidades específicas de seu meio. Mas, para que ela não seja atirada ao vazio, elaboramos um pequeno roteiro que ajuda a esclarecer alguns pontos e que, se não se apresentar plenamente convincente, sem dúvida, será melhor que uma classificação pela quantidade "de cabeças". Esse roteiro, ou mesmo "termômetro", se assim se quiser considerar, utiliza como referência os seguintes pontos:

Pequena escola	Grande escola
O poder decisório centraliza-se nas mãos de uma pessoa ou de um grupo restrito que o exerce de maneira autoritária. O que é bom para o "mantenedor", para o "dono" ou para o seu primeiro-executor deverá ser bom para todos.	Existe um poder decisório, mas este fundamenta-se na opinião coletiva e consensual, aceitando-se a diversidade e administrando-a conforme o sentido de justiça que é dinamicamente construído e reconstruído.

Pequena escola	Grande escola
A relação entre os professores, assim como as atividades desenvolvidas por eles com os alunos, fundamenta-se na competição. A garantia de emprego do professor manifesta-se enquanto buscar ser melhor que os demais e esse sentimento inspira as relações entre os alunos.	Um dos mais evidentes valores vivenciados e praticados, tanto entre a equipe docente como entre os alunos, é o de colaboração e de exaltação da idéia de verdadeira e democrática "comunidade". Todos sabem mais quando sabem dividir o seu saber.
As decisões e as ações seguem uma rígida hierarquia, e prevalece a cultura do "mando". O professor "manda" nos alunos, mas obedece ao seu "coordenador" que, por sua vez, obedece às ordens de seu diretor. Este, por sua vez,...	Existem cargos diferenciados e é possível identificar-se entre eles uma hierarquia, a qual se define por funções diferentes, uma vez que as decisões gerais são compartilhadas e assumidas por meio do consenso.
O pensamento predominante nas ações desenvolvidas pela coordenação, pelos professores, pela equipe administrativa refletido nas ações discentes é sempre linear. Dessa forma, A passa para B que, por sua vez, faz chegar a C.	A única forma de se pensar é a sistêmica, ou seja, não-fragmentada. Ocorre permeabilidade entre os pensamentos de A para B, de B para A, destes para C e de C para A e B.
Os valores que se busca seguir e que se pretende desenvolver nos alunos, através de explanações, inspiram-se em uma única alternativa: o certo é o certo, o errado é o errado, e existe apenas uma resposta certa.	Os valores que se busca seguir, através do exemplo, praticar e aferir nas ações e nos projetos desenvolvidos pelos alunos inspiram-se em muitas respostas e, até mesmo, no paradoxo de procuras constantes.
Os conteúdos ministrados mostram-se fragmentados, e cada disciplina encerra um conjunto de "verdades" a ela inerentes. Saber bem uma disciplina de nada vale para as outras. Impera a ordem da unidisciplinaridade.	Os conteúdos exercitados apresentam uma concepção holística, e os alunos descobrem como transferir soluções conquistadas em uma disciplina para problemas de outras. Existe a multidisciplinaridade.
Trabalha-se com fatos, ministram-se leis, cobram-se respostas específicas que se apresentam literalmente intransferíveis para a vida ou para outras disciplinas. Aplaude-se a aprendizagem mecânica e estimula-se a repetição como veículo de retenção quantitativa de saberes.	Estimulam-se múltiplas inteligências, avalia-se através de inúmeras linguagens, desenvolvem-se sempre competências e, ensinando-as a "fazer", ampliam-se habilidades. Valoriza-se a aprendizagem significativa. Ensina-se a aprender e a pensar.
O sistema de avaliação do rendimento escolar baseia-se no desempenho particular de cada um, para o qual são atribuídos valores "máximos". Não se busca aperfeiçoar no aluno a administração de suas emoções, seu envolvimento em projetos comunitários ou seu progresso na comunicação interpessoal.	O sistema de avaliação centra-se em processos e em projetos e avalia-se o aluno em face de seu desenvolvimento proximal, isto é, a relação entre aonde chegaria e aonde conseguiu chegar auxiliado pelos colegas e pelos professores. Valorizam-se a solidariedade, a capacidade de comunicação e a sociabilidade.

É evidente que esse "termômetro" é uma abstração. Não existe uma escola inteiramente "pequena", assim como é difícil acreditar que, composta por muitos elementos e inúmeras circunstâncias, uma escola possa ser plenamente "grande". Assim, sua utilidade é apenas referencial e ajuda a estabelecer linhas vagas de uma característica difusa. Além disso, se esse pequeno termômetro mostrar imensa distância entre o que é sua escola e como ela deveria ser, faça do mesmo instrumento sua crítica positiva, transforme suas ações cotidianas em uma vontade permanente de reconstrução.

É importante destacar que poucas escolas nascem grandes ou pequenas. A "grandeza" que nesta crônica se procurou enfatizar é uma grandeza pacientemente construída pela solidariedade entre os professores, após a essencial abertura oferecida por seus dirigentes. Buscou-se, pelos caminhos sempre incertos de uma generalização, mostrar alguns parâmetros, sugerir algumas linhas gerais. Cabe a cada equipe docente dar-lhes alma e corpo da realidade, ajustando-a ao formato efetivo que a escola tem e construindo uma relação na qual toda a equipe seja chamada a agir.

Histórias da velha escola

    Lembro-me bem da primeira escola em que lecionei. Situava-se no bairro paulista de Santo Amaro e era conhecida pela sigla IEPAC: Instituto de Educação Prof. Alberto Conte. Os professores que lá lecionavam eram rigorosamente divididos: em um patamar, o "Olimpo", o espaço das celebridades, o mundo dos expoentes, constituído pelos "efetivos", aqueles que conquistaram sua posição através dos sempre dificílimos concursos; em outro patamar, com direito a outro cantinho na sala dos professores, o lugar dos párias, dos desqualificados, dos que ainda não haviam tentado o ingresso e dependiam das aulas que sobravam. Eram os "contratados", entre os quais por algum tempo figurei. Alguns poucos entre os efetivos, às vezes, davam-nos alguma atenção, respondiam perguntas e até insinuavam-se como amigos, mas era coisa rara, pois a separação determinava-se pelos costumes históricos, como elemento intocável de uma hierarquia.
    No meu primeiro ano de trabalho, fui chamado à sala do diretor. Recebeu-me austero e, do alto de sua dignidade, impelido pelas circunstâncias, outorgou-me impostergável missão: "Nossa professora efetiva de Geografia está muito doente e cabe ao senhor preparar os exames de admissão. Estude muito, meu rapaz, capriche ao máximo, pois entrar na escola pública todos querem, mas apenas alguns poucos conseguem, e o exame de admissão é a grande barreira, a estratégia decisiva. Organize-o e, para evitar que funcionários inescropulosos o atentem, rode as provas em sua casa e traga-as no dia do exame. O rapaz possui mimeógrafo?".
    Sim, eu possuía o mimeógrafo a álcool, comprado de segunda mão, e, incumbido dessa inequívoca tarefa, trabalhei como um louco. Li e reli provas de admissão anteriores, garimpei modelos em todos os lugares possíveis e, ciente de minha austera responsabilidade, organizei e rodei as provas. No dia do exame, abri exceção e fui para a escola de táxi. Segurança é tudo! Com minha mala estufada pelas folhas mimeografadas, dirigi-me à secretaria para

assinar o ponto. Aproximou-se uma professora efetiva, alguém lá daquele distante mundo dos paradigmas, e interrogou-me:

> "Soube que você preparou as provas! É verdade? Meu neto deve fazer exame hoje? Você já as entregou?". "Não", respondi-lhe com ingenuidade. "Estão aqui, em minha pasta".

A expoente maior não hesitou. Olhou para os lados, abriu a pasta, meteu a mão e, arrancando uma folha de prova, sumiu pelo corredor. Fiquei atônito, assustado, amedrontado. O que fazer? Denunciar ao diretor? De que adiantaria? Por certo, ela negaria tudo, acusar-me-ia de mentiroso e, diante da cumplicidade dos maiorais, qual o valor da palavra de um mísero contratado? Além disso, estaria realmente ajudando o neto? Seu ato covarde não o prepararia muito mais rapidamente para usufruir de privilégios? Esgueirar-se da verdadeira disputa? Uma ajuda assim, forjada, educa? Acabei não contando nada a ninguém, mas, humilhado, passei noites sem dormir, martirizado pelo medo, acovardado pela força.

Qual o valor dessa história? Por que trazer para o nosso agora uma reminiscência tão torpe? Pelo sincero desejo de comparação. Para mostrar aos mais jovens que, na boa e severa escola de antigamente, também havia atos injustos e que a imposição de uma hierarquia menos exaltava o mestre e mais desqualificava sua relação com o outro. A escola que temos hoje regrediu em muitos aspectos; porém, ao vê-la resplandecente na igualdade entre todos os professores, escorada na certeza de que diferentes papéis e níveis diferentes não implicam superioridade de alguns, torno-me saudosista ao contrário que proclama na democracia do afeto o inefável valor de iguais direitos a pessoas iguais.

Estarei certo? Mudaram tanto assim as relações na escola? Não estaria deixando-me levar pelos sonhos ao construir em ingênua fantasia a escola que deveria existir?

A próxima crônica retoma essa caminhada nostálgica por uma escola que já não existe mais. Será?

Revolta e paixão

Ao longo de minha vida de estudante, tive excelentes professores, outros nem tanto. Um dos que mais profundamente marcaram minhas lembranças foi Dr. João, professor do curso de Geografia, na Universidade de São Paulo, pelos idos dos anos 50. Marcou-me não só pelas aulas excelentes que ministrava, mas sobretudo por uma insólita ocorrência que, na hora, despertou minha revolta e que por mais de 10 anos conservei, porém o tempo acabou transformando a mesma ocorrência em sentimento de inesquecível paixão.

Nessa oportunidade, eu freqüentava as aulas e também servia ao Exército. Autuado como insubmisso, recebi convocação militar tardia que me alcançou ao mesmo tempo em que cursava o segundo ou terceiro ano da faculdade. A inevitável conseqüência desse atropelo foi descobrir que ficara em segunda época na disciplina desse professor. Não me surpreendi e julguei que a reprovação fora justa; porém precisava saber quais eram as matérias indicadas para o exame. Na noite em que constatei a reprovação, procurei-o em seu gabinete. Atendeu-me com ar aborrecido de quem não gostava muito de interrupções:

"O que deseja, meu jovem?"
"Bem, professor, como fiquei em segunda época, preciso saber quais conteúdos deverei estudar..."
"Mas por que você ficou em segunda época? E logo na minha matéria, em que poucos ficam?
"Fui obrigado a servir ao Exército e, com isso, tenho perdido muitas aulas. Por esse motivo, acordo de madrugada, pois o quartel é distante, e nem sempre existe ânimo ou tempo para estudar. Mas, com certeza, encontrarei tempo para a segunda época e haverei de fazer boas provas, como as que fiz no primeiro semestre..."

Sem dizer nada, desviou o olhar e apanhou em sua gaveta a relação das notas. Perguntou meu nome e fez breve comentário, mais falando consigo próprio que se dirigindo a mim: "É verdade! Você tirou sete no primeiro semestre e neste precisava apenas de três, mas tirou dois". E olhando-me bem nos olhos: "Não precisa fazer prova nenhuma, eu arredondo sua nota".

E, assim dizendo, apanhou a caneta e rabiscou o dois que eu havia tirado, transformando-o em um três. Antes que eu dissesse qualquer coisa, antecipou-se: "Agora, até logo! Você passou de ano, tenho coisas mais importantes para fazer".

Embora beneficiado por seu gesto, saí de seu gabinete revoltado. O mestre fora injusto. Premiara-me, é verdade, mas à custa de uma violação. Eu não merecia esse prêmio e, no meu pensar, seria mais justo a nota legítima, ainda que seu custo fosse a segunda época. Por muitos anos, carreguei o sentimento do prêmio imerecido, da oferta que não pedira, da injustiça que fora concedida não por méritos, mas por extremo comodismo do professor.

O tempo fez com que eu mudasse de opinião. Minha idéia de avaliação nessa época – e o foi durante muito tempo – era de uma avaliação somativa. Acreditava que toda nota representava uma medida de saberes acumulados, como se fosse possível medir conhecimentos. Descobri depois que avalia de verdade quem pondera, quem examina o aluno e suas circunstâncias, quem pelos caminhos dos conteúdos aprende significações e transfere soluções, quem descobre a distância verdadeira entre o que se sabia e o que se aprendeu, quem, enfim, sabe descobrir a zona de desenvolvimento proximal do aluno e por ela medita sobre suas conquistas. Será que o mestre, ao me atribuir um prêmio que eu julgara imerecido, não estava na verdade antecipando um conceito de aprendizagem mais humano, mais realista, mais centrado nas efetivas possibilidades do momento e das circunstâncias? Será que, com a "abertura da mente humana" para a ciência e o surgimento de uma neuropedagogia, valores como os aqui analisados no velho mestre não necessitarão de reflexões, posto que serão inerentes ao sabor de educar? Com toda certeza e de maneira absolutamente inconsciente, carrego comigo certos julgamentos, defendo certas opiniões, guardo, nas escuras constelações de minha mente, alguns pensamentos que não são autenticamente meus, e sim desse mestre inesquecível.

Uma moeda de dez centavos

Há algumas décadas, a palavra "amígdala" parecia designar uma glândula situada na garganta e cuja inflação deixava pais atônitos e crianças queimadas pela febre. A extração dessas amígdalas era uma cirurgia relativamente comum, e quase toda criança aguardava com resignação o dia em que seria submetida a essa tortura, cauterizada depois com muito suco gelado e sorvete.

Os tempos mudaram e já não se faz mais referência a essa glândula em nossa garganta. Uma nova terminologia médica reserva para a mesma palavra novo sentido e a localização. Atualmente, a amígdala é parte componente do sistema límbico cerebral, sendo responsável pelo controle da emoção e da motivação e pela inserção integral de uma pessoa no mundo social.

Essa estrutura, não maior que uma moeda de dez centavos e com formato de amêndoa, é constituída por um feixe de neurônios que, em estreita combinação com uma verdadeira sopa química de neurotransmissores, regula as funções autônomas, endócrinas, somatossensoriais e motoras, assim como constitui veículo para a reprodução, a memória, o sono e a orientação, influenciando o medo e a agressão. Todos esses elementos indispensáveis estão guardados no minúsculo tamanho de uma pequena moeda.

Entre todos os seus papéis, a amígdala é responsável pela ação de verdadeiro "detetive do ambíguo", pois, se algo aparece diferente ou errado no nosso dia-a-dia, ela reage com rapidez, alertando-nos para o perigo e, se não for o caso, tranqüilizando-nos logo depois. Testes realizados no Reino Unido e nos Estados Unidos mostram que pessoas com inteligência normal, mas com lesão nesse sistema, embora reconheçam rostos com diferentes expressões emocionais, têm dificuldades em identificar seu perigo potencial. Assim, se alguém se aproxima com ódio nos olhos e um revólver na mão, o paciente com a amígdala imperfeita encara-o com a mesma apatia com que encarará olhos de ternura e sorriso amistoso. Macacos do tipo Rhesus, com amígdalas extraídas, sobreviveram incompreendidos apenas alguns dias, vítimas de agressões de macacos normais, quando soltos em seu próprio bando; pessoas com lesões nessa área não se mostraram mais capazes de reconhecer rostos de antigos amigos, ou de diferenciá-los de outros que observavam pela primeira vez.

Mas, afinal de contas, o que os eventuais e felizmente raros distúrbios das amígdalas têm a ver com o cotidiano da sala de aula? Por que apresentar nesta crônica informações sobre essa reduzida moedinha presente no cérebro humano, a qual influencia tanto o seu funcionamento?

Por um motivo simples, que envolve duas percepções essenciais. A primeira é de que, quanto mais conhecemos o cérebro, mais rapidamente tendemos a nos afastar de julgamentos precipitados e de rótulos que enquadram pessoas esquisitas como inteiramente responsáveis por sua esquisitice. Como educadores, não dispomos de meios para identificar eventuais lesões na amígdala de ninguém, mas vale a certeza de que, ao percebermos um aluno que parece "ser diferente", nem sempre o envolve o desejo voluntário de contrariar. A segunda percepção é de que, para pessoas com tais dificuldades, ainda não se encontrou nada melhor que uma palavra amiga, um gesto de solidariedade, o afago insubstituível da compreensão do mestre.

É impossível saber se aquele aluno tão estranho, tão tímido e tão solitário é assim por questões de natureza social, por uma disfunção cerebral ou pelo simples desejo de chamar atenção sobre si mesmo. Mas o que importa saber? O que sabemos é que, sejam quais forem suas razões, nenhuma delas despreza a firmeza da mão amiga no ombro, a solidariedade imensa de alguém que sabe ouvir com empatia. "Dona Marianinha", crônica seguinte, procura mostrar que, seja qual for o conhecimento que se tem da mente, alguns procedimentos humanos colocam-se muito além de essenciais.

Dona Marianinha

"Pois não, senhor Diretor! Estou às suas ordens."
"Chamei a senhora aqui, dona Marianinha, porque preciso de sua ajuda. Dona Margarida avisou que faltará, e não quero deixar a turma da 6ª série 'A' sem atividade. Com professores em aula já são umas pestes, imagine soltos lá no pátio. Gostaria que a senhora cuidasse da classe durante os próximos 50 minutos..."
"Mas sou apenas uma inspetora de alunos! Como entretê-los por tanto tempo? Não tenho preparo para isso!"
"Falta-lhe preparo, dona Marianinha, mas sobra-lhe bom senso e boa vontade. Vá lá e invente alguma coisa sobre o que dizer..."

Assustada, mas não sabendo recusar e não temendo desafios, lá foi dona Marianinha, matutando sobre o que poderia dizer. Já à entrada da sala, um misto de vaia e uivos de decepção a esperavam. É evidente que os alunos prefeririam ficar à toa, jogando futebol ou fazendo fuxicos no pátio. No entanto, dona Marianinha foi severa e firme. Colocou-os sentados, pois sabia o quanto os alunos a respeitavam quando fechava o sorriso. Disse com seriedade:

"Gostem ou não, tenho um assunto para ensinar. Prestem atenção, porque metade da aula será expositiva e na outra metade cobrarei a prática."
"Sobre o que será a aula, dona Marianinha?"
"Será uma aula sobre quatro expressões. Vamos praticar 'por favor', 'muito obrigado', 'desculpe' e 'com licença'..."
"Ah, isso a gente já sabe! Fale-nos de algo mais novo..."
"Sabem, mas não praticam. O saber que não está na vida, na rua, no dia-a-dia não é saber. Além disso, não existe nada mais novo que essas expressões, pois elas jamais envelhecem. Alguém aqui, por acaso, usou-as e, logo depois, arrependeu-se? Será que elas não nos ajudam no trabalho? E na família? Será que não servem para fazer amigos?"
"Ah, dona Marianinha, meu pai não fala essas palavras em casa..."

"Não as fala, Ricardo, talvez porque não tenha atentado para o seu valor. Mas, se você, que não as recebe, souber empregá-las, será que seu pai achará ruim? Será que alguém pode dar exemplos de que o emprego desses sinais de cortesia estão acabados? O que você pensa desse assunto, Roberta?"

"Sei lá, dona Marianinha! No papo que se tem lá fora, entre nós, ninguém fala desse jeito."

"E se falar, será tomado como antipático? Arrogante? Eu acho que não. Algumas vezes, a cortesia assusta por ter sido esquecida, mas não há quem não goste dela."

"É verdade, pessoal! Vocês lembram do Carioca?", foi falando o Mateus, "quando chegou na escola, todo mundo estranhou sua educação. Mas, aos poucos, a turma foi se acostumando e, enquanto ele por aqui ficou, sempre falou dessa maneira. As meninas da 5ª série gostavam mais dele do que de nós!"

"Eu acho 'superelegante' um rapaz educado, mesmo quando ao seu redor ninguém tem educação..."

Daí para frente, a aula correu solta, participativa, interativa e envolvente. Instigados pela inspetora, os alunos resolveram fazer pesquisas e descobrir expressões de igual valor em outras línguas, em outros lugares, em outros tempos. Foram pedir ajuda à professora de inglês, que se comprometeu em ampliar a pesquisa em outras culturas. No desenvolvimento do projeto de pesquisa, entraram a história e a geografia. A professora de ciências propôs estudar nos animais mais próximos ao homem alguns símbolos corporais de afeto e demonstrações de respeito. A professora de língua portuguesa aproveitou o interesse da turma e sugeriu uma busca de expressões de cortesia e trato nos livros marcados para a leitura do bimestre. O professor de matemática usou as práticas corporais da cortesia – do aperto de mão à continência – para falar de movimentos e para explicar a força. Os alunos, empolgados, sugeriram à direção a montagem de uma peça teatral em que, através do drama e da comédia, fosse mostrada a dimensão do afeto que as palavras encerram.

A escola "ferveu" com esse tema, o qual se esparramou pela cantina, envolveu funcionários administrativos e mexeu com famílias. A empolgação foi tão grande, que poucos lembravam que quem havia iniciado tão admirável "incêndio" foi dona Marianinha na aula marcada pelo improviso.

Ela, por sua vez, não se sentia traída. Em seu canto, sorria feliz... Fez sua parte, cumpriu seu papel, marcou seu tempo.

Uma certa Maria

O século XX já era saudado por todos, mas ainda era possível ouvir ecos culturais do século anterior. Entre os valores dessa época distante, nada impressionara tanto Maria quanto o estudo desenvolvido por Jean Itard e Edouard Seguin sobre os processos de integração e desenvolvimento do pequeno Victor de Aveyron.

Victor era uma criança selvagem, abandonada e depois capturada em uma floresta onde vivera 10 anos sozinha, em meio aos lobos. Os esforços mais ou menos frustrados dos cientistas, em superar os estágios que essa criança deveria ter vivenciado se fosse criada em condições normais e o fracasso na tentativa de superá-los desde que fora resgatada, levaram Maria ao desenvolvimento de uma abordagem científica sobre educação, percebendo que é na infância que se definem e estruturam todas as linhas que modelarão o ser humano. Empolgada, Maria esqueceu todo o prestígio de sua formação como médica e jogou-se na tarefa de fundamentar uma metodologia prática, estimuladora do desenvolvimento infantil. Ofereceu o resultado de suas pesquisas ao Ministério da Educação da Itália, onde vivia, e, mesmo sem receber o aval da implementação de suas propostas, deu início, em 1907, à criação de várias "casas de crianças", nas quais ficavam o dia todo com atividades planejadas de forma carinhosa, mas extremamente exigente. Ali mesmo tomavam banho e faziam duas refeições, com crianças mais velhas inteiramente envolvidas no cuidado das menores, desde o preparo das refeições até detalhes na arrumação e na limpeza do ambiente.

Maria comparou os efeitos do desenvolvimento infantil em "suas" escolas e o resultado obtido por outras existentes em seu país e percebeu que, com seu jeito de trabalhar, os pequenos aprendiam mais depressa, ganhavam surpreendente autonomia, falavam com mais fluência e sabiam resolver problemas práticos que outras crianças de sua idade sequer sonhavam superar. Empolgada, aprofundou seus estudos nas áreas de filosofia e psicologia em Paris e em Londres e viu seu método pedagógico ganhar excepcional popularidade na Europa e, principalmente, nos Estados Unidos.

Ao contrário de outros pedagogos de seu tempo, afastou-se de teorias consagradas e fundamentou seu trabalho na reflexão, nas experiências práticas e ainda mais na reflexão e, por essa via, liderou a idéia de que uma pedagogia sem base científica, inspirada em experimentos, na verdade não é pedagogia. Defendia a idéia de que ensinar não era conduzir, informar e ordenar, e sim criar ambientes estimulantes onde a criança, através de todos os sentidos, pudesse sentir-se disponível para se mexer, experimentar, manipular, agir e, assim, assimilar informações, sendo para isso imprescindível um ambiente pleno em equipamentos, mobiliário e recursos com dimensões e pesos apropriados a cada faixa etária. Seu método não admitia – como ainda hoje não admite – improvisações ou "faz-de-conta" e nem mesmo a arrumação dessas salas poderia dispensar a estrutura de uma ordenação consistente. A engenharia ambiental da escola nos mínimos detalhes e a disposição de instrumentos em uma sala cirúrgica não existiam como complemento para a educação, mas sim como sua própria essência.

Dando destaque especial à aprendizagem da matemática, Maria associava essa descoberta por meio de exercícios motores com materiais adaptados. Pelos caminhos da matemática e graças a ela, a descoberta das noções de formas, pesos, quantidades e medidas ajudava o desenvolvimento espontâneo da personalidade e a compreensão dos saberes do mundo.

Seu método possui críticos algozes, e não poucos o repelem com a alegação de que seu rigor tolhe a criatividade e a aprendizagem espontâneas. Porém, entre alguns que não a aceitam, existem outros que a seguem e admiram. Maria Montessori morreu em 1952 e deixou obras que todo os educadores merecem conhecer.

Dignos também de apreço e conhecimento são os pensamentos de Hegel, que a próxima crônica procura sintetizar.

Uma escola conservadora e tradicionalista: uma excelente escola

Todo carioca é sambista, todo baiano é folgado, todo paulista pensa apenas em ganhar dinheiro. Existe tolice maior que as informações contidas nesses aforismos? É claro que não, pois toda generalização é imprecisa, e basta apenas um pouco de bom senso para se saber que existem cariocas que não gostam de samba, baianos agitadíssimos em sua luta diária e paulistas folgadíssimos e excelentes sambistas. Existem também judeus gastadores, alemães que não admitem nem o cheiro da cerveja e italianos extremamente comedidos ao falar. Esse passeio dialético sobre o absurdo das generalizações sempre nos vem à mente quando ouvimos falar de alguns colégios, muitos deles religiosos, extremamente tradicionais e conservadores e, por assim serem, rotulados indevidamente de retrógrados e ultrapassados, como se, em educação, modernidade pudesse ser sinônimo de qualidade. Existem escolas modernas excelentes e escolas conservadoras não menos extraordinárias; o que parece ser mais difícil é descobrir a eficiência e a alta qualidade em escolas que misturam caoticamente tradicionalismo com modernidade e que assaltam todas as novidades como se as mesmas pudessem, sem qualquer análise e contextualização aos objetivos educacionais, associar-se à comprovação de qualidade.

Mas o que é uma escola tradicional? Como ela pode associar seu conservadorismo à qualidade e à eficiência? Acreditamos que todo modelo pedagógico que se afirma tradicional é aquele que se inspira nos postulados de Hegel (1770-1831), antigo reitor do Colégio de Nuremberg, que deixou para a posteridade um conjuntos de seis interessantes discursos sobre educação, nos quais expõe com lucidez, clareza e surpreendente "atualidade" o modelo pedagógico habitualmente chamado de conservador. Nomeado em dezembro de 1808 reitor do "ginásio" de Nuremberg, escola fundada em 1526, exerceu seu cargo até 1816, período em que escreveu seus excelentes discursos, versando sobre a estrutura da aula, os mecanismos da aprendizagem, as questões disciplinares, a formação ética dos alunos e ainda outros fundamentos difíceis de serem refutados, mesmo nestes tempos de terrorismo, tecnologia digital e globalização. Para melhor compreender esse "modelo", convém enfatizar que, em sua época, o mundo pedagógico mostrava-se filosoficamente dividido em duas perspectivas: o neo-humanismo, que defendia um ensino geral, fortemente centrado na transmissão da herança cultural clássica, e o filantropismo, que reduzia a educação à aquisição de habilidades técnicas para o exercício profissional. Hegel, como idealista e racionalista, não se afastava um milímetro da primeira posição e, assim, defendia uma escola como agência cultural, com um pequeno currículo (latim, grego, alemão, matemática, ciências físicas e biológicas, geografia e história), mas trabalhado profundamente, com vistas a transmitir às novas gerações uma tradição cultural sólida, baseada em saberes constituídos e testados, bem como em componentes extracurriculares voltados à comunidade e à sua análise.

Como deveriam ser as aulas nas escolas preconizadas por Hegel? Qual a função do professor como agente colocado entre o saber e a necessidade de aprendizagem dos alunos? Hegel pensava que todos os professores, independentemente da disciplina ministrada, deveriam estruturar suas aulas ditando um pequeno parágrafo, explicando oralmente em profundidade seu conteúdo e suas implicações e, logo depois, questionando os alunos sobre uma compreensão verdadeiramente significativa. Após a aula, caberia aos alunos passar o ditado a limpo e sintetizar as explicações orais transmitidas, sorteando-se, no início da aula seguinte, um ou alguns para a leitura crítica de sua síntese. Recusava longas exposições e não admitia a passividade do aluno obrigado apenas a ouvir e a anotar. Aplicava o método dialético, e todo conteúdo dos parágrafos precisava apresentar uma tese ou afirmação, a antítese ou negação e a síntese, abrigando a negação da negação. As aulas jamais se distanciavam do apelo à reflexão do aluno e de sua intervenção ativa no processo de construção da verdade. Não admitia outra linha de ação para nenhuma disciplina e opunha-se a professores "proprietários da verdade" que simplesmente verbalizavam seus saberes. Respeitava muito sua equipe docente, escolhendo-a entre os que apresentavam sólidos conhecimentos na área, entusiasmo em ensinar e atitudes que pudessem modelar exemplos a serem seguidos. Não existia, portanto, o saber pronto, mas o "sim" e o "não" dos caminhos matemáticos na solução de problemas, das teses científicas, das teorias discutidas, dos fatos históricos analisados ou das regras e funções gramaticais.

É inegável a validade desse procedimento e, atualmente, não é raro constatar que alguns excelentes professores são "hegelianos" sem nem ter ouvido falar de Hegel. Mas como ele pensava nos fins da educação? Na questão da disciplina em sala de aula? Na ação da família no processo educativo? Na formação moral e ética de seus alunos? Na educação do pensamento e na avaliação de seus alunos? Quais críticas podemos fazer a Hegel? O que de bom e útil em seus ensinamentos precisa ser preservado, ainda que convivendo com outros modelos pedagógicos?

Hegel via a escola, e não apenas a sua em Nuremberg, como o verdadeiro templo do saber e do conhecimento e o professor como o guardião desses tesouros, merecedor, por isso, de irrestrito respeito e consciente escuta. Afirmava que "a finalidade da escola é a preparação para o estudo erudito, edificada na base legada pelos gregos e romanos" e considerava essa base algo como uma "lei da gravidade" impossível de ser negada ou refutada. Contudo, Hegel não preconizava o transmitir estático dessa base; ao contrário, acreditava que ela deveria ser a fonte para novas descobertas e novas reflexões. Muito antes de Piaget, já sabia que o novo conhecimento sempre se estrutura na base dos conhecimentos efetivos que verdadeiramente se possui.

Outro elemento marcante nos discursos pedagógicos de Hegel era a respeito da disciplina que se deveria esperar de cada aluno. Uma disciplina firme, com os limites claramente estabelecidos e "amarrados" pelo binômio da ordem e da serenidade. Os tempos mudaram, mas nem por isso esses princípios necessitam ser revistos, desde que as normas disciplinares praticadas possam ser discutidas previamente e com ampla abertura entre diretores, professores, representantes dos pais e dos alunos. Havendo esse saudável consenso, administra-se o pátio ou a sala de aula como a uma boa partida de futebol, que não exclui cartões amarelos ou até mesmo vermelhos para quem, conhecendo as regras e tendo ajudado a construí-las, se esqueceu de seu cumprimento.

O modelo pedagógico hegeliano também se preocupava com a formação ética – elemento inseparável de seu conceito de disciplina –, considerando-a tão importante quanto a formação intelectual e envolvendo-a à avaliação dos alunos. Não apenas é bom aluno quem sabe refletir dialeticamente e demonstra ter aprendido a pensar, como também quem monitora procedimentos ordeiros e serenos ou, em sua falta, tem consciência da sanção e da tentativa de reconstrução de sua postura atitudinal. Segundo Hegel: "Assim como a vontade, o pensamento deve começar pela obediência; mas se o aprender se limitasse a uma simples recepção, o seu efeito não seria melhor do que se escrevêssemos palavras sobre a água".

Para Hegel, a avaliação da aprendizagem escolar e do desempenho moral e ético dos alunos refutava a idéia de igualdade nos resultados. Acreditava que aqueles que revelavam maior esforço intelectual, mais aguda vontade de aprender e maior espírito de renúncia para o desafio das provas mereciam valores diferentes dos que privilegiavam a preguiça e o hedonismo. Aceitava a imensa importância da escola na educação, mas não diminuía o valor cooperativo da família nessa construção, pois "Os tesouros interiores que os pais dão aos filhos (...) são indestrutíveis e mantêm seu valor em todas as circunstâncias". Sereno e seguro em suas convicções, Hegel jamais deixou de lado a tolerância e a oportunidade de recomeçar para os que se desviaram dos caminhos da ordem e da serenidade.

Essas idéias podem ser consideradas superadas? Não é possível que existam escolas com essas características para alunos que se adaptem melhor a esse clima e produzam mais conscientemente? Não é importante, em uma educação verdadeiramente democrática, a saudável coexistência de escolas modernas e outras conservadoras? Afinal, não são diferentes os seres humanos e legítimas as opções que melhor as contemplem?

Evidentemente que o modelo de Hegel é adequado para algumas escolas particulares, mas é difícil como projeto para escolas públicas que precisam contemplar a qualidade da educação com uma educação para todos, sobretudo em países como o nosso, tão marcado por acentuada diversidade cultural e necessidade de flexibilização curricular.

Acreditamos que muitas das idéias de Hegel sejam atualíssimas e responderíamos afirmativamente às demais perguntas. Como ele, rejeitamos profundamente a falsa idéia de que é possível inovar a partir do nada, ou que é plausível superar a tradição e a herança cultural sem conhecê-la bem, de maneira profunda e serena.

Uma caminhada cultural no mínimo curiosa é saltar-se da solidez de Hegel, ainda excepcionalmente válido para os tempos de agora, para os sonhos de uma escola de amanhã. Na crônica a seguir, essas especulações são experimentadas.

Lembranças do futuro

É incontestável a admiração por Raquel de Queiroz quando esta argumenta que não sente saudade, que vive seu instante e, ao fazê-lo supremo, lembra-se com ternura do passado sem reverenciá-lo, sem querer crer que o ontem é bem melhor que o agora. Ao ler essa grande romancista, com humildade, concordo com ela e sinto como minhas as suas reflexões. Não sou saudosista e, se vejo nos tempos atuais situações incômodas e perversas, atos violentos acima dos limites toleráveis, não posso esquecer o quanto ganhamos em saúde, tecnologia e informação como expressivo saldo do que perdemos.

Assim, se meu olhar para o presente saúda o que existe hoje de bom na escola e no professor, com bem maior entusiasmo espero pelo futuro que virá. Espero – é preciso que se diga – não com a tola crença de que viverei 100 anos, mas com o íntimo desejo de que os que virão desfrutem de momentos educacionais muito melhores que os que se propicia hoje. "Espero" da esperança, e não do aguardo.

Creio que as "máquinas de ensinar" do futuro serão perfeitas. Suponho que, diante delas, qualquer aluno em qualquer lugar possa receber informações corretas, desafios autênticos e avaliações sinceras que registrem seu progresso em todas as áreas, em todas as disciplinas. Talvez, melhor que máquinas, tenham *chips* injetados em seu corpo, permitindo-lhe conquistar universos de insondáveis saberes. Ao pensar no velho mestre, com seu avental branco e dedos sujos de giz, falando do Pantanal para o imaginário do aluno, sinto que, nessa extraordinária máquina de ensinar, ele próprio buscará o Pantanal, ouvirá seus sons, fechará os olhos e saberá para qual direção no espaço precisará buscá-lo e disporá de ricas contextualizações que associe esse conteúdo à sua imaginação, aos seus saberes, ao seu corpo, à sua sociabilidade e às suas emoções. Essa mesma máquina ou esse mesmo *chip* providenciará sua avaliação e apresentará desafios que não privilegiem o estoque de informações que acumulou, mas sim sua efetiva capacidade em transformá-las em saberes, sentimentos e ações.

A escola fertilizada por essas "máquinas de ensinar" serão excelentes, e cabines individuais poderão dispô-las em vários pontos, tal como hoje encontramos cabines telefônicas em pontos dispersos. Não existirá mais "o lugar de se aprender", uma vez que se aprenderá a toda hora, em todos os lugares. A escola perderá sua propriedade do lugar para se insinuar nas estações de metrô, nas salas de espera de cinemas, nos corredores esterilizados dos shoppings do futuro.

A única dúvida que perturba esse sonho é saber se essa escola do futuro poderá abrigar a ternura da mão da professora na cabeça do aluno, da alegria do mestre no acerto do discípulo, no afeto meigo da educadora que enxuga a lágrima da criança que teima em cair. Para que se olhe o amanhã com a serena confiança de que será melhor, é indispensável incluir nesses notáveis *softwares* e *chips* de ensinar a propriedade de torná-los estimuladores de sonhos, criadores de desafios, estruturadores da diferença entre enxergar e ver, experimentar e gostar.

A máquina do futuro será admirável quando puder fundir as informações que traduz às inefáveis qualidades extremamente humanas do professor que aconselha, acalanta, adverte, anima, que, acima de qualquer máquina, ama o que faz e ama a quem faz.

O criador do método Suzuki

Shinichi Suzuki foi um dos maiores professores do Japão. Nascido em Nagóia, era filho do fundador da maior fábrica de violinos no mundo. Educado da maneira como os japoneses prezam, foi antes porteiro, operário, servente e, finalmente, gerente da fábrica de seu pai. Após completar seus estudos musicais na cidade de Tóquio, viajou a Berlim, casou-se, estudou mais música durante oito anos, voltando ao Japão em 1928 para lecionar.

Pouco a pouco foi especializando-se em crianças e fundou o famoso Instituto de Pesquisa da Educação do Talento. Seu método para ensinar crianças pequenas a tocar violino divulgou-se por toda parte, foi introduzido em um dos mais famosos conservatórios mundiais na Faculdade de Oberlin, na Alemanha e é bastante popular no Brasil. Causou sensível admiração em intelectuais de todas as áreas, e Howard Gardner não pode dispensá-lo ao explicar a inteligência musical. O extraordinário exemplo de seu trabalho vai muito além do ensino da musica e serve de paradigma a todos os professores que lidam com crianças.

O método desenvolvido por Suzuki constitui exemplo específico de uma maneira de se educar crianças e despertar sua sensibilidade para aprender música, mas as linhas das ações que sugere, se o desejarmos, *servirá também para ensinar a pensar, estruturar sentenças, raciocinar de forma lógico-matemática, compreender a plenitude das relações de seu entorno com os conceitos de espaço e tempo, administrar suas emoções, apreciar a beleza, descobrir a carícia e aprimorar suas potencialidades táteis, sonoras, auditivas*. Representa também estratégia interessante e funcional para *disciplinar-se a atenção*.

Talvez uma das mais intrigantes amostras do trabalho desse mestre japonês seja destruir a teoria de que algumas pessoas nascem com talento específico para música e as que não o alcançam jamais apreenderão e, se o fizerem, serão sempre músicos ridículos. Suzuki sempre acreditou e fez de sua crença uma teoria fundamentada pela prática de *qualquer criança pode tornar-se um extraordinário violonista se apegar-se com afinco e persistência a um método de estudo*. Acreditava que o "talento" ou os resultados da carga genética deste ou daquele poderia acelerar a aprendizagem, jamais determinando-a ou não. Provou com milhares de crianças, de diferentes níveis sociais que o ambiente estimulador ou indiferente em que cresce a criança e no qual se relaciona com as coisas e as pessoas é *essencialmente crucial* para fazê-las o que na vida adulta serão.

Quando procurado por mães para matricular seus filhos, Sansei Suzuki começava por marcar, antes, aulas para as mesmas. Após levar as mães a dominarem os rudimentos do método, aconselhava-as a tocar com ternura para as crianças, até que estas pedissem para imitá-la. Para Suzuki, três ações são "verdadeiramente mágicas" para levar qualquer criança a níveis que beiram a genialidade: *ternura, seqüência e persistência*.

Reiterava sempre que se *aprendermos a amar* o que queremos em nossos filhos, se buscarmos um *método* e desenvolvemos um *projeto ordenado de treinamento* e mostrarmos *tenacidade e persistência* na busca de progressos, estes inevitavelmente virão. Convidado a expor seu método, Suzuki mostrava-se sempre sorridente e lacônico: "identificação do caminho e ao percorrê-lo treino, treino, treino, treino..." Shinichi Suzuki encantou o mundo e, sem o saber, antecipou o que hoje as Ciências Cognitivas revelam: com exemplo, ternura, paciência e, sobretudo, persistência podemos fazer de qualquer criança um ser completo.

A defesa do erro: a visão da aula segundo o pensamento de Neil Postman

Neil Postman é professor de Comunicação na Universidade de Nova York e um educador com idéias revolucionárias. Como verdadeiro Dom Quixote diante de moinhos que acredita serem monstros, luta para combater três idéias atualmente muito vigorosas, sobretudo nos Estados Unidos: 1) a escola deve ser um campo de treinamento para adestrar alunos a conquistar empregos, 2) a televisão dinamiza as informações e apresenta-se como imprescindível complemento auxiliar à educação e 3) os livros didáticos servem para alguma coisa.

Para Postman, é essencial que se redefina o valor da escola e que se afaste para bem longe a idéia de que um dia os computadores, acessados do lar, poderão substituí-la. Ao contrário, argumenta que somente em sociedade os indivíduos aprendem e somente em grupo as necessidades pessoais e egocêntricas evoluem para interesses coletivos. Acredita que a boa e velha sala de aula é espaço imprescindível para domar o ego, fazer amigos e firmar a importância da coesão de uma equipe na construção de um projeto e sua transformação em verdadeiro exercício de solidariedade. Além disso, destaca que somente na sala de aula uma pessoa aprende a pensar criticamente e torna seu espírito independente, distanciado-se de sabedorias convencionais e empacotadas. Segundo Postman, a baixíssima tolerância da escola ao erro é o processo forjador da idéia da "cola" e, por ela, da transposição de interesses pessoais sobre os da comunidade. Lembra que, ao contrário, não há pecado no errar, reexaminar as próprias crenças e desenvolver um saudável ceticismo. Os alunos deveriam ser envolvidos em uma missão de buscar erros em suas ações, nas ações de sua comunidade, na literatura, na história, nas teorias e hipóteses do saber vigente não para execrá-lo, mas para fazer desses lapsos instrumentos de melhoria e progresso.

Sua crítica volta-se – não com menor veemência – contra a televisão por destruir a linha divisória entre a infância e a idade adulta e por escancarar os bastidores das drogas, do alcoolismo, do sexismo e da criminalidade a todas as crianças. Não se acredita um moralista, porém denuncia o engodo pedagógico americano que se curva ao deus do utilitarismo e do consumo. Sabe que de nada adianta pregar a "desinvenção" da televisão, mas seu uso deve ser limitado, e a escola não deve vê-la como alternativa complementar de informações. Por essa mesma via, também percebe a internet: julga que esta possui valores como as bibliotecas, mas é contra a facilidade de se crer que "clicando tudo se aprende".

O terceiro alvo das críticas de Postman são os livros didáticos, escritos para "empacotar" saberes e fazer com que toda disciplina torne-se enfadonha e todo professor seu seguidor não-autônomo. *O mestre não é o que exibe a página do livro, mas o que acende a curiosidade esparramada pelas ruas, desperta o interesse latente em todo aluno.* Quando indagado sobre o que colocaria no lugar dos livros didáticos excluídos das escolas, responde com ironia: "O que foi colocado no lugar da varíola quando esta foi praticamente extinta pela vacinação?".

Postman ainda alerta que uma falácia tão grande quanto a suposição de que livros didáticos ensinam é a de se aceitar que professores especialistas de uma disciplina não devam ensinar as outras. Ao contrário, lembra que todo verdadeiro professor deve ser um especialista em aprendizagem e, se assim o for, basta ter razoáveis conhecimentos específicos para apresentá-los como desafio aos alunos. É por isso que defende que em toda escola deveriam existir rodízios periódicos de mestres, por exemplo, o de matemática preparando-se para ensinar história, o de história tentando ensinar línguas e este, temporariamente, especializando-se em geografia ou em outra disciplina curricular. Argumenta que, ensinando somente as disciplinas em que geralmente foram bons alunos, é provável que os professores não entendam como a matéria surge para os alunos que não são bons na mesma.

As novas maneiras de ensinar

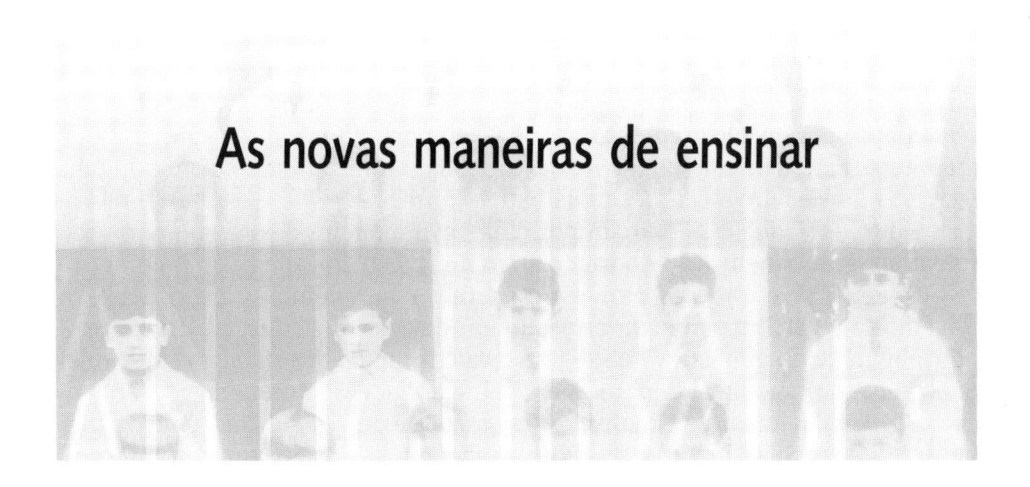

A anedota é bastante antiga, mas nem por isso deixa de ser extremamente real para o que hoje se tem em termos de ensino no Brasil.

Conta-se que um milionário, por volta de 1950, solicitou a especialistas o congelamento de seu corpo e de sua mente e a preservação vegetativa de sua vida, pois desejaria ser reanimado somente no ano 2000. Acordado décadas depois pelos cientistas, deslumbrou-se com o notável progresso que o mundo atravessou nesses 50 anos: o avanço extraordinário da medicina, o transplante de órgãos, a clonagem, os tecidos sintéticos, o computador, o controle remoto, a revolução na telefonia, a alteração nos transportes e o impacto fantástico de casas inteligentes iam aos poucos mostrando como o mundo rapidamente se transformara, deixando-o com um misto de incredulidade e fascínio. Seu encanto, porém, durou apenas o tempo de voltar a uma escola e presenciar uma aula: todo progresso que o deslumbrara estava do lado de fora, pois na sala ainda estava o mesmo quadro-negro, as mesmas carteiras, o mesmo giz e ainda o mesmo professor. A mudança tecnológica alterara o quarto de dormir e a cozinha, os aeroportos e as rodovias, os hospitais e as oficinas e nem mesmo era igual o ar que se respirava, mas a velha sala de aula continuava paradoxalmente a mesma.

Se essa pequena fábula não é inteiramente verdadeira para todas as escolas, sem dúvida o é para a maioria, pois, se contabilizarmos a imensa quantidade de alunos que neste momento assistem a aulas no Brasil, perceberemos que para muitos não houve qualquer mudança expressiva dos últimos anos 50 para este novo milênio. Muitos que não tinham acesso às aulas hoje já têm, mas a escola que encontram ainda claudica entre o velho quadro-negro manchado e a carteira tradicional, muitas das quais ainda com espaço reservado para tinteiros, entre a explanação verbal do mestre e "receitas" copiadas em caderno, entre a função de um em só falar e a de muitos em apenas ouvir, entre a missão de apenas um em medir e julgar e de inúmeros outros em apenas torcer e esperar. Até quando vigorará tal realidade?

Não é possível afirmar com matemática certeza, mas essa escola inalterável que aí está tem seus dias contados. É difícil prever como serão os detalhes da mudança, de que forma a velha sala de aula se revestirá das conquistas de seu tempo, porém é claramente previsível supor que tal mudança não pode mais esperar. Existem algumas *razões* cruciais para exigi-la e existem alguns *indícios* notáveis de que a mesma já bate à porta.

Entre as *razões* que clamam por essa nova maneira de a escola vir a ser, ressaltam-se a banalização do saber, a mudança estrutural na família e os novos estudos sobre a mente humana e sobre o modo como esta processa sua aprendizagem. Entre os *indícios* de mudanças cruciais, já figuram a educabilidade do que antes não se cogitava educar, a alfabetização emocional e a certeza da mudança de paradigma sobre a idade do aprender.

Propomos uma breve análise dessas razões e desses indícios. Que o saber banalizou-se é realidade da qual ninguém duvida. Hoje, graças à internet, qualquer aluno pode, em qualquer lugar, saber dados específicos sobre o assunto que pesquisa, mas com os quais seu professor ainda nem sonha. A função primordial do antigo mestre em transmissor de saber caiu por terra e a ele cabe hoje bem menos dizer coisas novas que organizar o saber que polui a internet e transformar essas informações em conhecimento, ampliando capacidades, estimulando competências, despertando inteligências. O professor dos anos 50, especialista em uma disciplina e apenas nela especialista, perde seu espaço para o professor que sabe fazer dessa montanha de saberes que vazam por todo canto uma forma de conduzir o aluno a incorporá-los ao seu modo de viver. É evidente que continuarão a existir professores de história e de matemática, das disciplinas, enfim; porém, se não muda seu rótulo, muda estruturalmente sua função: antes cabia a ele levar aos alunos os saberes adquiridos em seu curso superior; hoje sua responsabilidade é fazer do saber, que chega por todas as vias, uma estratégia para uma nova qualidade de pensamentos e uma outra forma de viver. O aluno de 6ª série, por exemplo, não será diferente do aluno da 5ª série apenas dentro da escola, mas também na vida que vive, pelos saberes e estímulos que em classe seus professores desenvolveram.

Como se essa mudança já não simbolizasse imenso clamor por uma nova escola, é importante refletir que por ela também espera uma nova família. Aí estão os dados do censo de 2000 que não nos permitem duvidar: a família nuclear, centralizada pelo pai que a sustentava e pela mãe que, com conselhos, educava, praticamente não existe mais. O casamento tradicional mudou, o papel profissional da mulher definiu-se, as relações interpessoais não mais se pautam no autoritarismo masculino e na prepotência paterna. Logo, se a estrutura familiar inscreve-se em novas bases, a ela incontestavelmente a escola necessita adaptar-se e, muito mais que antes, passar a essa família papéis que antes lhe cabiam e dividir com ela novos papéis a serem compartilhados. O combate às drogas, a formação profissional e a inserção social do jovem devem ser exercidos pela família de mãos dadas com a escola.

Ao lado dessa vulgarização do saber e dessa nova função familiar, a escola precisa mudar frente aos imperativos do que hoje se sabe sobre a mente humana. O avanço da neurociência constitui realidade da qual não se ousa duvidar, e esses progressos trazem à sala de aula novas respostas sobre como o cérebro opera o conhecimento, como constrói significações, como alenta a consciência, como ativa a memória. Ignorar esses estudos e continuar ministrando aulas convencionais é o mesmo que acreditar em sanguessugas para o tratamento de câncer, e toda escola que se fecha a esses saberes afasta-se dos caminhos que indicam novas maneiras de ensinar, novos tipos de aulas a ministrar e, sobretudo, o fato de que a mente humana aprende por meios que, se não forem literalmente conhecidos, ao menos cientificamente já foram explorados.

Contudo, se todas essas razões clamam por uma nova escola e por um novo professor, é impossível negar evidências e indícios de que esses momentos já chegaram em muitos pontos. Pena que não exista uma identidade nessas respostas e que escolas extremamente avançadas no uso dessas novas ferramentas convivam ao lado de outras que praticamente pararam no tempo. E quais seriam esses indícios?

O primeiro deles é a certeza de que é possível educar o que antes se acreditava não-educável. A antiga escola atribuía força monumental à hereditariedade e assim se fechava na tola e ingênua crença de que não era possível estimular a atenção, ensinar a beleza, mostrar a eficiência em se fazer amigos e cobrar resultados expressivos no treinamento à criatividade, à memória e ao integral funcionamento do hemisfério cerebral direito. Fechada na concepção de que seu papel crucial era ensinar temas, cumprir programas, transmitir conteúdos, a escola não se abria para estímulos às capacidades, às competências e às inteligências, elegendo a mediocridade do aluno como parâmetro identificador das idéias da escolaridade. Hoje, é inevitável olhar com profundo pesar para essa velha escola e, com entusiasmo, acompanhar os efeitos promissores dos centros de educação onde se ensina a pensar, refletir, meditar, aprender, criar, onde se estimulam as capacidades motoras integrais e as funções cognitivas plenas inerentes a qualquer ser humano. Fica cada vez mais rapidamente para trás a escola que ainda troca o ensinar a fazer amigos às cansativas noções de relevo da Rússia, o treino à atenção e à concentração pela rotina mecânica e enervante do máximo divisor comum, a exploração da sensibilidade da riqueza do número e da palavra pela indigesta lista de ossos da face ou de dinastias de Portugal. É importante realçar o que já se disse: o exemplo que se apresenta não preconiza o fim de professores de disciplinas, porém clama por novos professores – pouco importa sua idade cronológica – diante de novas maneiras de se encarar as tradicionais disciplinas curriculares.

Outro expressivo indício dessas novas maneiras de ensinar evidencia-se pela descoberta da educabilidade emocional e pela certeza de que esse papel precisa ser exercido por educadores em todas as unidades de ensino. Não faz o menor sentido pensar que as emoções podem ficar aguardando na sala de espera da escola, pois o aluno só é exigido pela nota que tira, pelo saber que exibe e pela lição que executa. Se, por um lado, esse tema representa verdadeiro tabu para inúmeras escolas que, por ignorar as linhas de seus procedimentos, rotula-os de "bobagens" ou "modismos", por outro lado, já constitui linha de ação de inúmeras outras onde os alunos aprendem a importância de administrar seu estado emocional, de construir sua auto-estima e, por isso mesmo, de alcançar resultados mais significativos ao longo da vida.

Para finalizar, a tendência das escolas atuais é crer que já não mais se concebe que existam idades para brincar e outras para aprender e que, por esse motivo, a educação cognitiva deve começar com a alfabetização. Um bebê é estimulado desde o ventre materno; logo, o que entendemos por educação infantil transforma-se, aos poucos, em um ambiente acolhedor onde a criança brinca e relaciona-se, ri e diverte-se, mas é acompanhada por especialistas que reconhecem, nessas brincadeiras e nesses relacionamentos, nesses risos e nesses sorrisos, diferentes formas de aprender e de transformar pela aprendizagem.

Sabe-se hoje o que antes apenas se desconfiava: ninguém nasce gênio do bem ou canalha, criatura vocacionada ao sucesso ou ao fracasso. Nascemos com equipamentos neurológicos para sermos o melhor possível, desde que nos ofereçam a melhor escola possível.

QUADRO-NEGRO, CADERNO E ANOTAÇÕES

Qual o recurso pedagógico mais comum e mais associado à aula? Com certeza, o quadro-negro. Essa associação é tão marcante que se torna impossível imaginar o professor sem ele e, qualquer caricatura que pretenda destacar uma explanação, ele sempre é colocado ao lado do mestre. E não apenas o mestre. Mesmo quando quem vai expor é um administrador ou outro profissional qualquer, jamais se dispensa o quadro-negro, ainda que as circunstâncias do ambiente possam transformá-lo nesse antipático *flip chart*. Tão marcante na caracterização da aula é o quadro-negro quanto marcante na definição do aluno é o caderno. Não existe um sem o outro e, embora este último possa assumir feições de um fichário ou exibir capas que nada ostentem de educativas, é impossível não identificar tal associação.

No entanto, se esses elementos são comuns ao cotidiano da sala de aula, não são assim tão comuns livros, pesquisas, ensaios e artigos que reflitam sobre esses recursos e a melhor maneira de usá-los – não em seu destaque estético, mas em sua essência – como instrumento de aprendizagem e como veículo excitador da memória.

Nas próximas crônicas, apresento algumas reflexões sobre o quadro-negro, o caderno e, por conseguinte, a aprendizagem, o aluno e o professor.

O amanhecer na educação: uma lacuna esquecida

Organizo meus papéis ou, mais sinceramente, tenho a impressão de que os organizo quando, na verdade, apenas os mudo de lugar com pena de atirar no lixo agora aquele que por certo amanhã precisarei. À minha frente, esparrama-se uma série de catálogos de editoras, *folders* de congressos e jornadas pedagógicas ou listas de novos lançamentos em educação. Divago pelos títulos e passeio entre escolas reflexivas e ciberespaço, psicomotricidade e questões desenvolvimentais. Comparo tudo o que existe agora a serviço do professor e o que existia tempos atrás, quando iniciei minha jornada docente.

A diferença é colossal. Há cerca de 40 anos, poucas editoras voltavam-se para o trabalho cotidiano do professor e, à exceção de raros livros importados que, ávidos, passávamos de mãos em mãos, quase nada havia. Vídeos educativos eram uma utopia inalcançável e CD-ROMs com temas didáticos não eram imagináveis nem nas obras de H.G. Wells ou Tom Clancy. Restavam-nos a sala dos professores e o boca a boca com a experiência acumulada dos mais velhos a nos sugerir trilhas, a nos desafiar por caminhos que, com um misto de medo e ousadia, tentávamos percorrer sempre. Por menos saudosista que se pretenda ser, a comparação é inevitável e por ela a conclusão de que ser um bom professor hoje em dia é bem mais fácil, é quase apenas uma questão de querer: cursos, palestras, livros, seminários, internet, CDs, apostilas e vídeos nunca estiveram tão ao alcance das mãos. Imagino-me profissional iniciante, aluno que ainda não concluiu seu curso, procurando meios para me orientar. Como inicio uma jornada, busco o mais simples: um pequeno guia que me fale das ferramentas mais banais, dos recursos mais óbvios do cotidiano escolar: da *aula* que darei, do quadro-negro que preencherei, do *caderno* que ensinarei a elaborar.

Uma surpresa aguarda-me. Não encontro nada sobre esses temas, enxadas e pás essenciais de caminhos a construir. Não é possível, reflito. Com tantas obras, tantos temas, tão amplos conteúdos, será mesmo que nada existe sobre a aula, o quadro-negro e o caderno? Será que com tantas teses e antíteses, ensaios e hipóteses navegando nos oceanos da educação, nada existe sobre esse amanhecer? Esse simplório princípio do começo?

Como pensar nessa falta se não há escola sem aula, aula sem quadro, aluno sem caderno? Procuro novamente, agora com sofreguidão e por pura teimosia. Desisto. Por paradoxal que possa parecer, há uma profusão de informações sobre filosofia, epistemologia e cognição; porém nada encontro sobre os recursos mais simples, os instrumentos mais prosaicos, as bases da aula comum para a escola de sempre. "Deve ser um tema outrora tão debatido, que o desgaste da rotina já os retirou do mercado!", penso. Mas como fica o professor que começa, o jovem que se arrisca, o futuro mestre que não quer inaugurar sua vida profissional sem consultar quem antes refletiu sobre esses temas?

Não encontro resposta e penso que sou ingênuo em procurá-las, cego que não quer ver. Desisto de tudo e – que raiva! – nem sequer os papéis organizo, ou melhor, penso que os organizo.

"Professor, é para anotar tudo o que o senhor fala?": uma análise sobre as anotações estruturais

Qual professor já não ouviu essa pergunta? Quem, como aluno em qualquer nível, não se perguntou e, muitas vezes inseguro, procurou nas anotações do colega reprodução mais fiel possível da fala do professor? Essa dúvida pessoal remete-nos a outras mais amplas e mais significativas: Como um aluno deve fazer anotações? Como o professor pode ajudá-lo a elaborar o caderno? Como seria um caderno realmente eficiente, que pudesse ativar a memória, trazendo-nos a significação da aprendizagem?

Essas perguntas, certamente, não são originais. Professores e alunos de todos os níveis já as fizeram e, sem dúvida, concluíram que "anotar tudo" raramente é possível e, ainda que o seja, será inteiramente inútil para a aprendizagem. Em nome de tantas e tão amplas questões, alguns educadores debruçaram-se sobre esse tema e, tomando por base os fundamentos do construtivismo e as idéias sobre as redes semânticas, chegaram a propor algumas estratégias.

Nesta crônica, vamos descrever e analisar a estratégia que denominamos *anotações estruturais*, criada pela educadora T. Hunt (1997). Essa proposta insere-se na mesma linha dos chamados *mapas conceituais*, desenvolvido por Ausubel (1976), e representa *uma estratégia de se fazer apontamentos durante as aulas*, diferentemente da caótica preocupação em tudo se anotar. Para sua autora, simboliza uma espécie de taquigrafia mental que objetiva perder a menor quantidade possível de informação e captar de maneira hierárquica os eixos centrais da mesma, tal como o cérebro faz. Em síntese, visa a se anotar em uma folha de caderno, ou nos apontamentos, os esquemas que provavelmente os neurônios executariam para processar informações e enviar mensagens à memória.

As *anotações estruturais* consistem em alguns conceitos, setas, gráficos ou vinhetas seqüenciais que sintetizam o pensamento fundamental exposto em um discurso, uma aula ou uma reunião. Fazendo uma analogia com Disney, Hunt sugere que esses gráficos funcionam como telas de um desenho animado, cada uma estática como uma folha isolada, mas que adquirem movimento se apresentadas em conjunto. As linhas de procedimento do aluno tornam-se bem mais fáceis quando o expositor conhece a estratégia e empenha-se em ajudar o ouvinte a dominar essas características primordiais, que seriam as seguintes:

1. *Alcançar a essência da fala*: é fundamental que, ao se ouvir a exposição, o indivíduo detenha-se na *idéia-mãe* que centraliza o tema exposto. Essa idéia-mãe pode ser excepcionalmente apenas uma palavra, embora o melhor é que possa apresentar-se como um conceito, isto é, como um conjunto de palavras que expressa uma idéia geral.
2. *Procurar o seqüenciamento de idéias*: toda exposição abriga um conjunto de "idéias-mães", as quais necessitam estar dispostas seqüencialmente, ou seja, na ordem em que são expressas, desde que sejam claras e a estrutura do discurso seja lúcida. É indiferente que cada idéia seja antecipada de um número seqüencial, mas é importante que sejam percebidas como *degraus de uma escada*, do primeiro ao segundo, deste ao terceiro, e assim por diante.
3. *Identificar todas estruturas de conhecimento na exposição*: as anotações estruturais representam pequenos blocos de redes autônomas do conhecimento, que devem estar relacionadas seqüencialmente, representando unidades de informação conectadas entre si e formando um todo integrado. Mesmo que o expositor não apresente suas idéias em "capítulos", é essencial que o ouvinte assim as imagine e que o "título" de cada um desses blocos possa representar uma idéia que gera uma cascata de informações e, portanto, de novas idéias.
4. *Selecionar as anotações de informações colhidas*: imaginamos uma idéia-mãe mais ou menos como visualizamos uma casa e seu jardim, cercada de inúmeros detalhes. Para a anotação estrutural, é importante que fiquemos "apenas com a arquitetura da casa", abandonando os detalhes e tomando nota, com palavras ou frases curtas, apenas das idéias e dos conceitos mais importantes. Ao recordá-las depois, nossa mente e nossa experiência acrescentarão as demais.

Em síntese, podemos destacar que as anotações estruturais constituem uma estratégia de "garimpagem" de idéias, ordenando-as em seqüência. O garimpeiro, ao retirar sua peneira dos cascalhos de um leito fluvial, seleciona apenas as pedras que julga interessantes, abandonando as demais. De igual forma, as anotações estruturais representam uma tarefa de coleta das idéias mais importantes da exposição, ordenando-as em seqüência lógica.

Um cuidado importantíssimo no que se refere às anotações estruturais diz respeito à sua *apresentação*. Esta deve apoiar-se na imaginação e na criatividade de cada um, podendo ser usadas canetas de cores diferentes, vinhetas artísticas, fontes desenhadas com tipos de letras variados, ainda que sem preocupações com beleza ou estética, de modo que as anotações sejam percebidas tempos depois não como uma folha impressa, mas como verdadeira página da internet, cheia de vida, cores e informações.

Na próxima crônica, serão enfatizados alguns elementos técnicos para a elaboração dessa página virtual e a importância do papel do professor ao ensinar seus alunos a construí-las.

As anotações estruturais, os elementos técnicos e o papel docente

Todo estudante, ao fazer anotações em seu caderno, deve abandonar a caótica tentativa de reproduzir tudo que o professor fala, atribuindo a esses apontamentos uma outra forma, mais ou menos similar à de um hipertexto, em que ao lado de palavras que expressem pequenos blocos de idéias apareça uma série de outros ornamentos gráficos, reproduzindo no papel a estrutura em rede com a qual seu cérebro armazena os conhecimentos. Por isso, é importante que na estrutura das páginas das anotações estruturais existam:

1. *Blocos de idéias*: com pouco conteúdo, havendo uma síntese das idéias inerentes ao mesmo. Essa objetividade esquemática é absolutamente essencial, ainda que deva ficar a critério de cada aluno, conforme sua imaginação e criatividade, a apresentação das idéias. Essa apresentação pode ser em um retângulo, um quadrado, uma elipse, com letras em caixa alta, sublinhadas ou não, em uma ou em mais cores.
2. *Ornamentos geométricos*: devem dar destaque às idéias-mães e fazer a memória recorrer a palavras que confiram unidade e hierarquia às idéias expostas. Se o aluno, por exemplo, envolver todas as palavras em uma elipse, certamente sua memória não perceberá o destaque dessa figura geométrica que, nesse caso, deve ser reservado apenas para um ou outro conjunto de idéias que pretenda destacar.
3. *Símbolos, desenhos e deformações*: é sempre interessante que o aluno, ao idealizar suas anotações estruturais, imagine uma "carta enigmática", muito utilizadas em revistas recreativas, e incorpore à página um ou outro desenho simples, letras deformadas, em caixa alta ou não, ou ainda outros recursos que permitam uma apresentação visual marcante. Em se valendo da metáfora de "degraus de uma escada" para hierarquizar as idéias mais importantes de outras menos signifi-

cativas, cada degrau pode abrigar um ícone, símbolo ou pequeno desenho que representará para a memória algo similar ao barbante que se amarra ao dedo para se lembrar de algo importante.
4. *O uso de cores diferentes*: se uma página com anotações estruturais representa um apelo à memória bem mais significativo com algumas palavras com cores diferente das demais, não é menos verdade que o excesso de cores mais confunde que ajuda. Além disso, é importante que o aluno saiba atribuir uma significação a cada cor, nunca usando mais que quatro, e que saiba, por exemplo, que em vermelho se anotam palavras desconhecidas; em verde, idéias mais relevantes; em azul, palavras que integram idéias, e assim por diante.
5. *A importância de se passar a limpo todas as anotações estruturais*: não apenas para oferecer um reforço à memória com esse exercício, mas sobretudo para um reexame das "linhas arquitetônicas" dessa página. Ao elaborá-la, enfatiza-se a coerência nos dados anotados, "podam-se" eventuais excessos e percebe-se se as convenções foram utilizadas corretamente.

Convém salientar que o aluno jamais chegará a construir anotações estruturais se, pacientemente, seu professor não ensiná-lo como proceder. Bem mais importante que os elementos técnicos será o exemplo, usando-se um capítulo de livro ou tema anteriormente exposto e mostrando-se este como seria distribuído de forma sintética em páginas de anotações estruturais. Aos alunos não deveria caber a tarefa de apenas "copiar" as estruturas desenhadas pelo professor, e sim exercitar seu emprego com outros temas, outros capítulos. Para esses exercícios, é sempre interessante que os alunos estejam trabalhando em pequenos grupos – dois a quatro elementos – e que o professor possa "corrigir" seus trabalhos, jamais no sentido de torná-los iguais ao seu, uma vez que é intransferível o modo como cada mente organiza seus pensamentos, mas para verificar se todas as características estão presentes, se as anotações levam o aluno a perceber integral significação no aprendido e se os elementos técnicos foram aplicados de forma coerente.

É evidente que esse trabalho docente implica o gasto de algumas aulas, mas é certo que esse tempo será consideravelmente recuperado quando o professor perceber que o quadro-negro e o caderno perderam a característica de anotações dispersas e ganharam o *design* de verdadeiras anotações estruturais.

O quadro-negro, o caderno e as rodovias: conversando sobre os mapas conceituais

Observe com cuidadosa atenção um mapa de rodovias. Repare que a relação entre uma cidade e outra é de tal maneira clara que qualquer motorista que o examina sabe os caminhos que percorrerá. Existem mapas mais simples, nos quais se indicam quilometragens, cidades, saídas para outras rodovias e pedágios e, naturalmente, existem mapas mais detalhados, que mostram pontos turísticos, aeroportos, postos de abastecimento, áreas alagadiças e um número considerável de outras informações. Contudo, um elemento deve ser destacado. Em todos os mapas rodoviários, existem relações entre lugares e uma síntese admirável que destaca apenas as informações relevantes para se alcançar o lugar desejado. Esses dois elementos estruturais dos mapas rodoviários servem de analogia para se compreender um aspecto da *aprendizagem significativa* e *das anotações estruturais*. Uma aprendizagem concretiza-se quando o aprendiz conquista o domínio sobre os conceitos fundamentais e a relação existente entre eles.

Deixemos de lado por alguns momentos essa analogia e estabeleçamos outra com a planta de uma casa. Nessas figuras também se percebem informações relevantes e detalhes secundários, mas ambos são importantes para o construtor. Um detalhe essencial ao encanador poderá não sê-lo para o eletricista. Do mesmo modo, a construção do conhecimento necessita perceber uma hierarquia entre as informações relevantes e os detalhes secundários, ainda que importantes. O que é secundário para um nem sempre o é para outro, circunstância que determina tipos desiguais de organização de idéias e que nos mostra por que a construção de conhecimento por um aprendiz é sempre um processo individual e impossível de acolher generalizações.

Unindo-se a primeira analogia à segunda, é possível concluir: a) o aluno é quem deve construir seus próprios conhecimentos, b) existem tantas formas de aprendizagem quanto a quantidade de alunos, c) aprender significa conquistar conceitos relevantes, relacionando-os, d) a função do educador é proporcionar diferentes formas de aprendizagem e e) existem métodos ou recursos que ajudam alunos e professores a expor formas alternativas de pensamentos, bem como captar e representar informações relevantes, sua relação e sua hierarquia. Um desses métodos é a anotação estrutural; o outro explicaremos a seguir, sempre inspirados nos modelos da estrada rodoviária e do esboço da planta de uma casa.

Considerando os itens enfatizados e preocupado sobretudo com o último é que Joseph D. Novak (Novak e Gowin, 1988), inspirado nas linhas de reflexão de Ausubel sobre a aprendizagem significativa, criou um modelo para atuar como instrumento ou meio para, em algumas circunstâncias, facilitar a construção ou a compreensão e a aprendizagem por parte do aluno e sua administração por parte do professor. Embora ambos possam beneficiar-se desse modelo, é importante destacar que o professor jamais pode construí-lo para que seu aluno o copie, e sim para que, inspirado no do professor, o próprio aluno construa o seu. Esse recurso é o mapa conceitual.

O mapa conceitual é um desenho esquemático organizado para apresentar um conjunto de conceitos relevantes e sua hierarquia, incluídos em uma estrutura que respeita proporções. Vejamos o início de sua construção:

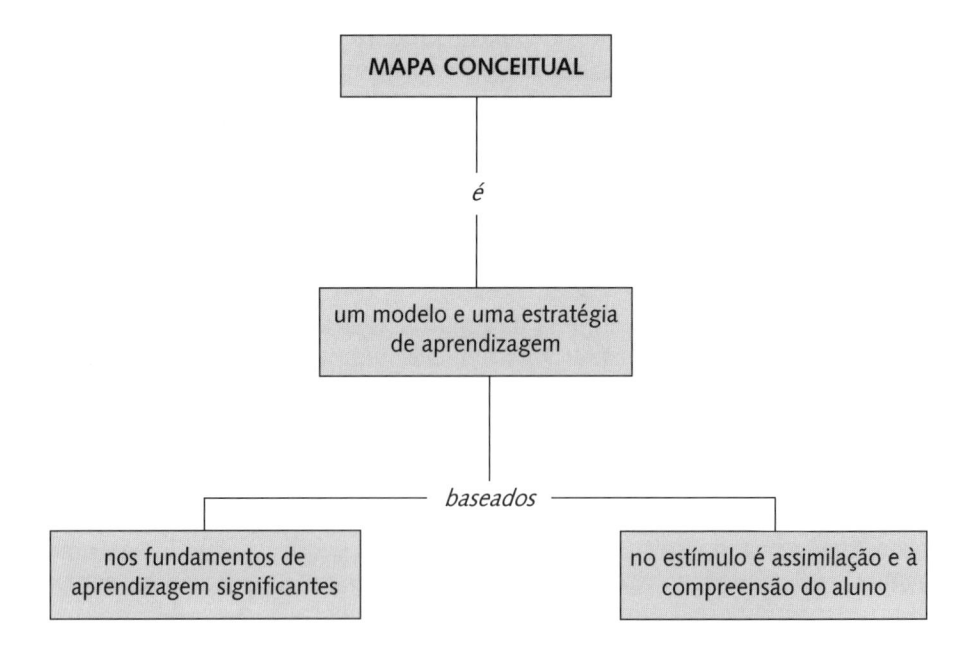

```
            ┌─────────────────────┐
            │  MAPA CONCEITUAL    │
            └──────────┬──────────┘
                       │
                       é
                       │
            ┌──────────┴──────────┐
            │ um modelo e uma     │
            │ estratégia de       │
            │ aprendizagem        │
            └──────────┬──────────┘
                       │
            ─────── baseados ───────
            │                      │
┌───────────────────────┐  ┌───────────────────────┐
│ nos fundamentos de    │  │ no estímulo é         │
│ aprendizagem          │  │ assimilação e à       │
│ significantes         │  │ compreensão do aluno  │
└───────────────────────┘  └───────────────────────┘
```

Esse esquema representa o esboço do início da construção de um mapa conceitual. Como deve proporcionar um resumo esquemático do que foi aprendido, ordenado hierarquicamente, relaciona níveis diferenciados de abstração, os mais gerais na parte superior e os mais específicos na parte inferior. No exemplo acima, diferentes retângulos poderiam ser puxados dos itens *fundamentos de aprendizagem significativa* ou estímulo *à assimilação e à compreensão do aluno*, desde que o conhecimento se apresentasse organizado em unidades ou agrupamentos, unidos por palavras que atuassem como "pontes" no estabelecimento das relações. De qualquer forma, porém, todo mapa conceitual deve conter três elementos fundamentais:

1. *Proposição*: é constituída por um ou mais conceitos que atuam como idéias geradoras ou idéias-mães, unidos por "palavras-enlace" que formam uma *unidade semântica*. Por exemplo: *O mapa conceitual é um modelo de estratégia de aprendizagem que aplica os fundamentos da aprendizagem significativa e estimula a compreensão e a assimilação do aluno.*
2. *Conceito*: é formado por palavras que expressam idéias de regularidade nos acontecimentos ou nos objetos. Por exemplo, para cada um de nós, a palavra "praia" faz referência a acontecimentos, pessoas e fatos que variam de indivíduo para indivíduo. Todos podem pensar esse mesmo conceito, mas cada um aplicará a ele referências pessoais. No esquema proposto, um conceito possível poderia ser *mapa conceitual* que evoca a idéia de regularidade, isto é, de uma estratégia de aprendizagem que se fundamenta na aprendizagem significativa e que busca a compreensão do aluno.
3. *Palavras-enlace*: servem para unir os conceitos e assinalar a relação existente entre eles. No esquema, *é* e *baseados*.

Se considerarmos a frase "Márcia é excelente professora", temos dois *conceitos* (Márcia/professora), unidos pelas *palavras-enlace* (é excelente), formando uma *proposição* e constituindo o exemplo de um mapa conceitual extremamente simples. À medida que novos conceitos e novas palavras conceituais integram-se a essa proposição, o mapa torna-se mais complexo e exige *relações cruzadas*, isto é, linhas de união entre os conceitos que se encontram em proposições diferentes. Eventualmente, *nomes próprios* podem aparecer designando conceitos capazes de provocar imagens, mas que na verdade expressam uma singularidade. Todos os mapas conceituais diferenciam-se de outros recursos gráficos pela presença de três características:

1. *Hierarquia*: os conceitos são dispostos em ordem de importância. Os mais significativos ocupam lugares mais ao alto na estrutura gráfica, os conceitos jamais se repetem no mesmo mapa e as setas indicam um conceito derivado, quando ambos estão situados na mesma altura, em caso de ralações cruzadas.
2. *Seleção*: os mapas conceituais expressam sempre uma síntese, sendo essencial que se elejam palavras que façam referência aos conceitos sobre os quais se deseja incidir maior atenção. Todo mapa deve recorrer a um pequeno número de conceitos e de idéias.
3. *Impacto visual*: todo mapa conceitual deve ser claro e apresentar-se "limpo", mostrando a relação entre as idéias principais de forma objetiva e visualmente atrativa.

Para finalizar, é importante destacar que todo mapa conceitual estabelece conexão com os saberes prévios presentes na estrutura cognitiva dos alunos, mais ou menos como se em um mapa rodoviário se assinalasse ao lado do nome de cada cidade o de uma pessoa ou fato à mesma associado. Também deve selecionar conceitos que possam incluir outros mais específicos. Se, por exemplo, utilizo o conceito *cachorro*, estou incluindo um conceito que abriga inúmeros outros (mamífero, amigo, pernas, corpo, pêlos, etc.).

Ao se solicitar mapas conceituais aos alunos, é preciso partir da premissa de que jamais pode existir um único mapa conceitual correto, uma vez que são inúmeras as variáveis do conhecimento próprio de cada aluno. A comparação entre mapas conceituais de dois alunos sobre o mesmo tema serve para revelar a *diferenciação progressiva* dos mesmos, isto é, quais conceitos representam para eles as idéias-mães – as que Ausubel denomina "idéias-âncoras" – e se esses alunos estão caminhando de conceitos mais abrangentes para os mais simples ou, no sentido inverso, desenvolvendo a *reconciliação integradora* e, nesse caso, indo do particular para o geral. O aluno, por sua vez, deve descobrir que jamais será válido desenhar-se o mapa conceitual uma única vez, evoluindo-se de um "rascunho" da planta imaginária da casa à verdadeira planta, cada vez com mais elementos significativos.

Na crônica anterior, enfatizamos nossa surpresa – quase espanto – ao verificar que quadro-negro e caderno constituem recursos extremamente comuns na sala de aula para alunos e professores, porém raramente são utilizados em toda dimensão de sua grandeza. O mapa conceitual – ou mesmo, em algumas outras circunstâncias, as anotações estruturais – pode ser, ao mesmo tempo, uma forma de se ilustrar esquemas gráficos da significação de idéias e, portanto, de uma aprendizagem significativa, bem como de se fazer do quadro-negro e dos cadernos veículos realmente integradores de uma aprendizagem.

Todo professor deve ser sempre um mediador entre a estrutura conceitual da disciplina que ministra e a estrutura cognitiva do estudante. Dessa forma, o mapa conceitual construído no quadro-negro sintetiza sua "carta de intenções", proporcionando ao aluno uma seleção de conteúdos culturais significativos. Se um aluno efetivamente aprende a aprender visualizando mapas conceituais em seus cadernos, será imensa a utilidade desse recurso para ele a fim de que, ao longo de um período, reveja e relembre tudo o que nos caminhos do aprender efetivamente se construiu.

REFERÊNCIAS BIBLIOGRÁFICAS

ANTUNES, C. *A teoria das inteligências libertadoras.* 3. ed. Petrópolis: Vozes, 2000.
_____. *A dimensão de uma mudança.* Campinas: Papirus, 1998.
_____. *Manual de técnicas de dinâmica de grupo, de ludopedagogia e sensibilização.* 20. ed. Petrópolis: Vozes, 1987.
_____. *Novas maneiras de ensinar, novas formas de aprender.* Porto Alegre: Artmed, 2000.
_____. *Como transformar informações em conhecimento.* Petrópolis: Vozes, 2001. (Fascículo 2.)
_____. *Como identificar em você e em seus alunos as inteligências múltiplas.* Petrópolis: Vozes, 2001. (Fascículo 3.)
_____. *Jogos para a estimulação das múltiplas inteligências.* 8. ed. Petrópolis: Vozes, 1998.
_____. *Glossário para educadores(as).* 2. ed. Petrópolis: Vozes, 2002.
_____. *Um método para o ensino fundamental:* o projeto. Petrópolis: Vozes, 2001. (Fascículo 7.)
ARMSTRONG, T. *Inteligências múltiplas em sala de aula.* 2. ed. Porto Alegre: Artmed, 2001
AUSUBEL, D. P; NOVAK, J.; HANESIAN, H. *Psicologia educacional.* 2. ed. Rio de Janeiro: Interamericana, 1980.
BANDURA, A. *Social foundations of trought and action: a social cognitive theory.* Englewood Cliffs: Prentice-Hall, 1986.
BARRIGA, A. D. *Didáctica y curriculum.* México: Nuevomas, 1985.
BELINKY, T. A tolice da tolerância. *Revista SIEEESP*, n.1, p.53, dez. 1996.
BIRDWHISTELL, R.L. *Kinesics and context.* Philadelphia: University of Pennsylvania Press, 1970.
BODEN, M. *A dimensão da criatividade.* Porto Alegre: Artmed, 1998.
BOMBOIR, A. *Como avaliar os alunos.* Lisboa: Seara Nova, 1976.

BONO, E. de. *O pensamento lateral:* aumente sua criatividade desenvolvendo e explorando o raciocínio lateral. 2.ed. Rio de Janeiro: Record, 1995.
_____. *Novas estratégias de pensamento.* São Paulo: Nobel, 2000.
BRUNER, J. *Uma nova teoria da aprendizagem.* Rio de Janeiro: Bloch, 1969.
CABANAS, J. M. *Pedagogia moral:* el desarrollo moral integral. Madrid: Dykinson, 1995.
_____. *Pedagogia axiológica:* la educación ante los valores. Madrid: Dykinson, 1998.
CARRAHER, T. N. (Org.). *Aprender pensando.* Petrópolis: Vozes, 1997.
COLL, C.; MARTÍN, E. *A avaliação da aprendizagem no currículo escolar:* uma perspectiva construtivista. In: COLL, C. et al. *O construtivismo na sala de aula.* 5.ed. São Paulo: Ática, 1998.
CSIKSZENTMIHALYI, M. *A descoberta do fluxo.* Rio de Janeiro: Rocco, 1999.
DAVIS, F. *A comunicação não verbal.* 7.ed. São Paulo: Summus Editorial, 1979.
DEMO, P. *Avaliação qualitativa.* São Paulo: Cortez, 1987.
GOLDBERG, M.A.A. *Inovação educacional:* um projeto controlado por avaliação e pesquisas. [S.l.]: Cortez/Moraes. 1980.
EDWARDS, C.; GANDINI, L.; FORMAN, G. *As cem linguagens da criança.* Porto Alegre: Artmed, 1999.
FERRES, J. *Televisão subliminar.* Porto Alegre: Artmed, 1998.
FONSECA, V. da. *Aprender a aprender.* Artmed, 1998.
_____. *Educação especial:* programa de estimulação precoce- uma introdução às idéias de Feuerstein. Porto Alegre: Artmed, 1995.
FONTANA, D. *Psicologia para professores.* 2. ed. São Paulo: Manole, 1991.
FREIRE, P. *Educação como prática de liberdade.* 23. ed. São Paulo: Paz e Terra, 1999.
GADOTTI, M. *Convite à leitura de Paulo Freire.* São Paulo: Scipione, 1991.
GARCIA, R. *Criar para compreender:* a concepção piagetiana de conhecimento. Porto Alegre: Artmed, 1997.
_____. *O conhecimento em construção.* das formulações de Jean Piaget à teoria de sistemas complexos. Porto Alegre: Artmed, 2002.
GARDNER, H. *Mentes que criam.* Porto Alegre: Artmed, 1996.
_____. *As artes e o desenvolvimento humano.* Porto Alegre: Artmed, 1997.
GOLEMAN, D.; KAUFMAN, P.; RAY, M. *O espírito criativo.* São Paulo: Cultrix, 1998.
HEGEL, G.W.F. *Introdução à história da filosofia.* Lisboa: Edições 70, 1994.
HISTÓRIA DAS GRANDES IDÉIAS do mundo ocidental. São Paulo: Abril Cultural, 1987. v. III. (Os pensadores.)
HUBERT, R. *A história da Pedagogia.* São Paulo: Companhia Editora Nacional, 1946.
HUNT, T. *Desarrolla tu capacidad de aprender:* la respuesta a los desafios de la era de la información. Barcelona: Urano, 1997.
HUXLEY, A. *As portas da percepção:* céu e inferno. 15.ed. São Paulo: Globo, 2000.
LERNER, D. *Ler e escrever na escola:* o real, o possível e o necessário. Porto Alegre: Artmed, 2002.
LICKONA T. *Raising good children.* New York: Bantam Books, 1993.

_____. *Education fou character:* how our schools can teach respect and responsability. New York: Bantam Books, 1991.
MACHADO, N.J. *Epistemologia e didática*. 2. ed. São Paulo: Cortez, 1996.
MACHADO, N.J. et al. *Pensando e fazendo educação de qualidade*. São Paulo: Moderna, 2001.
MARQUES, R. *Modelos pedagógicos actuais*. Lisboa: Edições Técnicas Plátano, 1999.
MOREIRA. M.A. *Aprendizagem significativa*. Brasília: Editora da Universidade de Brasília, 1999.
MOREIRA, M.A.; MASINI, E.A.F.S. *Aprendizagem significativa:* a teoria de David Ausubel. Moraes. São Paulo: Editora Moraes, 1994.
NOVAK, J.D. *Uma teoria da educação*. São Paulo: Pioneira, 1988.
ONTORIA. A.; GÓMEZ, J.P.R.; MOLINA, A. *Potenciar la capacidad de aprender y pensar*. 2. ed. Madri: Narcea; 2000.
PINKER, S. *O instinto da linguagem:* como a mente cria a linguagem. São Paulo: Martins Fontes, 2002.
RATEY, J. O cérebro: um guia para o usuário. São Paulo: Objetiva, 2001.
RATHS, L.; HARMIN, M.; SIMON, S. *Values and teaching*. Columbus: Charles Merril, 1966.
RODARI, G. *Gramática da fantasia*. São Paulo: Summus, 1982.
SÀ, E.D. de; RAHME, M.M.F. Escola plural: um projeto político de gestão pedagógica. In: *Pensando e fazendo educação de qualidade*. São Paulo: Moderna, 2001.
SINGER, P. *Hegel*. Lisboa: Publicações D. Quixote, 1986.
SOUZA, C. P. de (Org.). *Avaliação do rendimento escolar*. 4. ed. Campinas: Papirus, 1995.
SPRINGER, S.; DEUTSCH, G. *Cérebro esquerdo, cérebro direito*. 2.ed. São Paulo: Summus, 1998.
TYLER, R. W. *Princípios básicos de currículo e ensino*. São Paulo: Globo, 1974.
VASCONCELOS, M. S. (Org.). *Criatividade, psicologia, educação e conhecimento do novo*. São Paulo: Moderna, 2001.
VIANNA, H.M.; FRANCO, G.T. Avaliação da aprendizagem: instrumento para a eficiência e qualidade do ensino. In: Gomes, C.A.; AMARAL SOBRINHO, J. (Org.). *Qualidade, eficiência e equidade na educação básica*. Brasília: [s.n.], 1992.
WATSON, J.B.; RAYNES, R. Conditioned emotional reactions. *Journal of Experimental Psychology*, v.3, p.1-14, 1920.
YUS, R. *Educação Integral.* uma educação holística para o século XXI. Porto Alegre: Artmed, 2002.

METRÓPOLE
Indústria Gráfica Ltda.
Fone/Fax: (51) 3318-6355
e-mail: mig@mig.com.br
www.mig.com.br